电梯出口指南丛书

电梯出口指南

（出口波兰篇）

主　编　阮一晖　洪　伟
副主编　沈俊华　陈明涛　陈雪明

苏州大学出版社

图书在版编目(CIP)数据

电梯出口指南. 出口波兰篇 / 阮一晖,洪伟主编. —苏州:苏州大学出版社,2020.12
（电梯出口指南丛书）
ISBN 978-7-5672-3403-1

Ⅰ.①电… Ⅱ.①阮… ②洪… Ⅲ.①电梯-安全管理-法规-汇编-波兰 Ⅳ.①D912.297.09

中国版本图书馆 CIP 数据核字(2020)第 229109 号

书　　名：电梯出口指南(出口波兰篇)
主　　编：阮一晖　洪　伟
责任编辑：肖　荣
装帧设计：吴　钰
出版发行：苏州大学出版社(Soochow University Press)
出 版 人：盛惠良
社　　址：苏州市十梓街1号　邮编：215006
印　　装：广东虎彩云印刷有限公司
网　　址：www.sudapress.com
邮　　箱：sdcbs@suda.edu.cn
邮购热线：0512-67480030
开　　本：787 mm×1 092 mm　1/16　印张：9.75　字数：214千
版　　次：2020年12月第1版
印　　次：2020年12月第1次印刷
书　　号：ISBN 978-7-5672-3403-1
定　　价：39.00元

凡购本社图书发现印装错误,请与本社联系调换。
服务热线：0512-67481020

前言 Preface

2017年10月16日,原国家质量监督检验检疫总局印发的《特种设备安全与节能事业发展"十三五"规划》积极倡导我国特种设备产品和服务走出国门。2018年2月9日,国务院办公厅印发《关于加强电梯质量安全工作的意见》(以下简称《意见》),该《意见》指出,支持电梯产品出口,鼓励电梯企业"走出去",全面提高中国电梯品牌知名度和竞争力。

中国已经成为全球最大的电梯市场和生产基地,一些电梯企业发展迅猛,制造的电梯不仅销往国内市场,还不断开拓国际市场。国外电梯市场潜力巨大,尤其是"一带一路"倡议得到了越来越多国家和国际组织的积极响应,受到国际社会广泛关注,影响力日益显现。

本系列丛书深入介绍国外的电梯法律法规、标准以及合格评定和使用要求等内容,为中国电梯制造企业提供政策引导和技术支持,有利于中国电梯制造企业赢得宝贵时间,把握市场机遇,为更好地开拓国外电梯市场提供指引,助推我国电梯产业沿着"一带一路"走向世界,对于造福其他国家的人民产生积极作用。

目录 Contents

第一章 波兰电梯的相关技术法规和标准 / 1

第一节 波兰电梯行业发展概况 / 1

第二节 波兰电梯技术法规 / 6

第三节 波兰电梯标准 / 51

第二章 波兰电梯的监管和合格评定 / 62

第一节 波兰电梯检验检测机构 / 62

第二节 波兰电梯产品认证 / 67

第三节 制造、修理或改造资质申请 / 70

第四节 电梯整机和部件的型式试验 / 87

第五节 电梯检验和测试 / 116

第六节 电梯从业人员 / 122

第三章 波兰电梯的其他规定 / 139

第一节 电梯紧急救援 / 139

第二节 电梯轿厢内的广告牌 / 141

第三节 电梯轿厢内的视频监控系统 / 142

第四节 波兰电梯制造商协会 / 143

第五节　波兰电梯杂志　／144

第六节　外国人在波兰工作的许可　／145

第七节　在波兰设立企业的形式　／147

附录　波兰电梯公司清单　／148

第一章
波兰电梯的相关技术法规和标准

第一节 波兰电梯行业发展概况

一、波兰经济、社会、文化发展概况

波兰北濒波罗的海,西邻德国,南接捷克、斯洛伐克,东靠俄罗斯、立陶宛、白俄罗斯和乌克兰,地理位置优越,是连接东西欧的交通要地。波兰是中东欧国家面积和人口第一大国。根据波兰中央统计局公布的数据,波兰国土面积约32万平方千米,截止到2019年6月人口为3 838.6万人。波兰国徽为盾徽(图1-1),红色的盾面上绘有一只头戴金冠、舒展双翼的白鹰。红、白两色是波兰人民喜爱的传统颜色,也是国旗颜色,白鹰象征波兰人民不屈的爱国精神。

波兰自1918年11月11日恢复独立以来,特别是在21世纪初的几年里,越来越受到欧洲乃至全球的重视。近年来,无论是

图1-1 波兰国徽

在欧盟还是在国际舞台上,波兰的地位亦与日俱增。2004年5月1日,波兰正式成为欧洲联盟(简称"欧盟")成员国,这给波兰的发展带来新的契机。2018年,波兰货物贸易总额达4 471亿欧元,再创历史新高。其中,出口2 210亿欧元,同比增长7%;进口2 261亿欧元,同比增长9.7%。

二、波兰与中国的双边关系

近年来,中国与中东欧国家政治关系稳定发展,高层互访频繁,政治互信不断加深。"17+1合作"是中国与中东欧17国为深化传统友谊、加强互利合作而共同创建的合作新平台,也是促进中东欧关系全面均衡发展的新举措。目前,波兰是中国在中东欧地区最大

的贸易伙伴,也是欧盟中第九大贸易伙伴。

中波两国政治、经济、文化等交流日益增多,贸易往来越来越频繁。2015 年波兰新任总统杜达成功访问中国,中波双边贸易快速增长,中国连续两年保持为波兰第二大进口来源地,占波兰进口总额的 11.6%。根据波兰中央统计局的数据,2018 年中波双边贸易额为 334.7 亿美元,同比增加 13.3%。其中,波兰对华出口 25 亿美元,同比增加 8.7%;自中国进口 309.7 亿美元,同比增加 13.7%。特种设备是中国对波兰出口的主要产品之一。

三、波兰进出口贸易管理特点

2004 年 5 月 1 日,波兰成为欧盟成员国后,与欧盟其他成员国的贸易遵循欧盟内部统一大市场原则。欧盟共同政策措施和手段适用于波兰与非欧盟国家(第三国)贸易,如共同贸易、共同关税表等。欧盟与第三国签订的国际贸易协议直接适用于波兰。共同贸易政策的制定和执行在共同体进行。欧盟理事会通过直接适用的条例确定贸易手段,欧盟委员会负责政策的执行,并进行反倾销、反补贴和保障措施调查。

波兰政府主要负责发放进出口许可,对于经济以外的事务,如保护人类和动物的健康等,限制其进出口。波兰贸易主管部门是企业与技术部(Ministry of Enterprise and Technology,其前身是波兰经济部),波兰国内与贸易相关的最重要的法律是《海关法》和《对外贸易管理法》。

四、波兰电梯产业市场发展情况

图 1-2 位于波兰克拉科夫的老旧电梯

1901年波兰第一台电梯装于华沙的一家叫Bristol的宾馆。1900—1945年期间,波兰全国仅有350台电梯,这些电梯大部分装于20世纪30年代。目前波兰在用电梯大多数安装于20世纪70年代。拥有古老的乘客电梯数量最多的城市是克拉科夫,有超过100台电梯是在1945年之前安装的,其中近70%的电梯至今仍在使用。图1-2为位于波兰克拉科夫的老旧电梯。2010年波兰技术检验办公室与位于克拉科夫的市政工程博物馆签署了一项协议,旨在保护这些古老的电梯。波兰国内使用的电梯品牌主要有奥的斯、Unruh & Liebieh German和澳大利亚的Stigler等,现在还包括中国的康力等品牌。

截止到2019年年底,在波兰技术检验办公室(UDT)注册的在用电梯近15万台,其中在用自动扶梯近4 000台。近几年每年电梯增长量近5 000台,2017年和2019年波兰新装电梯分别达到6 100台和7 538台。为了保证电梯的安全使用,波兰每年会对1 500台电梯进行升级改造。波兰电梯最多的区域位于首都华沙,华沙地区在用电梯接近3万台。表1-1为波兰近年来每年新安装的电梯数量,其电梯安装数量呈增长趋势。

表1-1 波兰近年安装电梯数量(2005—2014)

年份	2005	2006	2007	2008	2009	2010	2011	2012	2013	2014
新安装电梯数量/台	1 616	2 674	3 444	4 724	4 971	4 723	5 163	5 599	5 196	5 580
电力驱动电梯数量/台	1 185	1 902	2 643	3 759	3 957	3 610	3 941	4 374	4 088	4 295
液压电梯数量/台	431	772	801	965	1 014	980	958	961	783	837

波兰自主的电梯品牌主要有Chmielewski-Dźwigi、Monitor Polska、TECHLIFT、Fabryka Urządzeń Dźwigowych、MP Prolift、Techwind、KRAKDŹWIG、OTECH、WINDA-WARSZAWA、LIFT Rzeszów、PUHP Pilawa、ZUD Dźwig、Lift Service、PILAWA。蒂森克虏伯、通力、迅达和奥的斯等国际主流品牌在波兰也使用得较多。其中Lift Service S. A.是波兰第一家电梯制造企业,PILAWA公司是波兰电梯产量最大的公司。另外还有GOLD-BUD等电梯制造、安装和改造单位。波兰境内还有向电梯制造商提供电梯专用变频器、传感器、继电器、电源等电梯配件的AMTEK公司,向电梯制造商提供照明装置、显示器等电梯配件的SCHAEFER公司。在波兰的凯尔采每两年举办一次的电梯展,吸引了欧洲乃至全世界的众多电梯制造商前来参展。2020年10月在凯尔采举行了第六届国际电梯行业展览会。

五、波兰电梯主要管理部门

1. 企业与技术部

波兰企业与技术部是波兰政府组成部门之一,主管经济贸易活动,其部长目前由副总理兼任。企业与技术部负责制定并具体实施贸易政策,制定贸易法律法规,组织与其他国家和国际组织开展多双边经贸合作,负责贸易促进、投资促进、推动并扩大出口,实施反倾销调查并采取相应措施保护国内市场免遭进口产品冲击,对部分进出口商品进行配额和许可证管理,控制涉及国家安全的战略性商品、技术和服务的贸易。

2. 技术检验办公室(UDT)

波兰技术检验办公室(图标见图1-3)是欧洲委员会公布的公告机构之一,其公告机构代码为1433,隶属于波兰企业与技术部,负责波兰全国技术设备检验及产品认证工作,是中欧地区最大的产品质量管理体系、人员资格、CE认证等评定机构,拥有百年历史。该机构成立于1911年,前身是华沙蒸汽锅炉检验协会,起初仅针对蒸汽锅炉进行检验,第二次世界大战后,波兹南和卡托维兹陆续开展对蒸汽锅炉的检验。1961—1963年,波兰相继颁布多个相关的法律,包括1961年首次颁发的《技术检查法》。波兰技术检验办公室隶属于当时的波兰矿业和能源部。截止到2019年,其检验的设备达到140万台。波兰技术检验办公室的使命是确保人民生命财产以及环境的安全,通过专业、高效、对社会负责的态度采取措施,预防和消除技术设备安全风险。通过现代、高效和公正的研究与评估手段,提高波兰技术设备的安全水平。

图1-3 波兰技术检验办公室的图标

3. 内务部

波兰内务部是主管波兰行政和内务的政府组成部门之一,主要负责国内警务、应急救援、消防、民防、边防等事务,包括电梯在内的技术设备的应急情况处置由其下属的波兰国家消防总局来实施。

4. 消防总局

波兰消防总局由波兰内务部管辖,其业务范围较广,包括从预防风险、识别风险,到突发性的灾难和紧急情况实施的紧急救援行动。消防只是其中一种职能,还兼有生化方面的救援、医疗急救等多个职能,对保障人民生命财产安全起着重要作用。

5. 竞争和消费者保护办公室

竞争和消费者保护办公室是波兰政府组成部门之一,其主席直接向波兰政府负责。其主要职责是实施反垄断相关政策及消费者保护政策。如果有理由怀疑企业家正在采取侵犯消费者利益的做法,在广大消费者中造成重大损失或不利影响,则可以在办公室的网站上向消费者发布通报信息。不符合安全要求的产品会被列入风险库,并向社会公开产品的有关信息。为了保护消费者的健康和安全,竞争和消费者保护办公室会开展有关一般产品安全的诉讼活动,并责令有关企业从市场上撤回危险产品或从消费者手中召回。根据2003年12月12日关于一般产品安全的法律修正案,将危险产品投放市场的企业会面临最高10万兹罗提的罚款。

第二节　波兰电梯技术法规

一、概述

1. 欧盟电梯指令

实现商品的自由流通,就需要统一关于产品的最基本的安全要求。欧盟委员会和理事会颁布的指令,是典型的技术法规。1985 年欧盟委员会颁布实施《技术协调与标准化方法》(简称《新方法》)。《新方法》涵盖了简易压力容器、玩具、医疗器械、电信设备、低压电器等直接涉及人身安全和健康的领域。在这些领域中,欧盟通过建立技术法规,即欧盟《新方法》,规定了在这些领域中对产品的基本技术要求。

波兰作为欧盟成员国,其依据的欧盟指令有 11 个,包括:
- 压力设备指令 2014/68/EU
- 燃气用具指令 2009/142/EC
- 电梯指令 2014/33/EU
- 简易压力容器指令 2014/29/EU
- 耗能产品指令 92/42/EEC
- 建筑产品指令 305/2011 CPR
- 机械指令 2006/42/EC
- 防爆指令 2014/34/EU
- 锅炉效率指令 92/42/EEC
- 便携式压力设备指令 2010/35/EU
- 电磁兼容指令 2014/30/EU

电梯适用的主要指令为电梯指令 2014/33/EU、机械指令 2006/42/EC、电磁兼容指令 2014/30/EU、建筑产品指令 305/2011 CPR。建筑法规中关于电梯的要求见附 1-1。

2014 年欧盟发布了电梯新指令 2014/33/EU,同年欧洲标准化委员会发布电梯标准 EN 81-20:2014-10E《电梯制造与安装安全规范　运载乘客和货物的电梯　第 20 部分:乘客和客货电梯基本要求》及 EN 81-50:2014-10E《电梯制造与安装安全规范　检查和试验　第 50 部分:电梯部件的设计原则、计算和检验》,指令与标准于 2016 年 4 月 20 日起执行,并于 2017 年 9 月起强制实施。

电梯指令作为欧盟各成员国必须遵守的重要指令之一,对统一欧盟电梯市场发挥了积极的作用。其主要具有以下几个方面的特点：

（1）建立公开透明的信息发布制度。

除建立畅通的沟通、协调途径外,欧盟在电梯指令实施过程中也及时将相关信息通过欧盟委员会网站公布,这样可以使未参与上述组织活动的其他相关利益方,尤其是欧盟境外的行业组织、电梯制造商等能及时了解信息,避免不必要的事后沟通、整改,促进市场的公平竞争。这些公开信息主要包括：为确保对电梯指令理解的一致性,欧盟委员会起草了《电梯指令实施指南》,并可在欧盟委员会网站下载；及时公布电梯指令协调标准最新清单、被替代的协调标准以及新列入的协调标准实施日期等相关信息；欧盟委员会的网站会公布并及时更新公告机构,公布的相关信息包括所有被批准的公告机构的名称、地址、联系方式、可开展的合格评定范围、认可证书有效期,以及被吊销资格的公告名录等,包括波兰技术检验办公室在内的波兰3家技术设备检验机构也名列其中。

（2）建立不断完善的工作机制。

前一版电梯指令95/16/EC规定,可敦促欧盟委员会对电梯指令实施初期的情况进行评估,并做出必要的修正。2002年欧盟委员会根据成员国的报告和电梯工作组的讨论内容,启动了对电梯指令实施情况的评估工作。2008年7月,欧洲议会和欧盟理事会批准了关于构建新法律框架的768/2008/EC号决议,开启了欧洲《新方法》向新法律框架过渡的进程。95/16/EC作为首批基于新法律框架修订的指令之一,于2014年完成了修订工作,同年发布电梯最新指令2014/33/EU。

（3）2014/33/EU的主要变化。

2014/33/EU是完全按照新法律框架制定的,其更新的内容主要涉及市场参与者的职责、认证机构和质量保证措施。

1）市场参与者的定义

95/16/EC只定义了"电梯安装商"和"安全部件制造商"两个市场参与者,为进一步强化和明确市场参与者的责任,2014/33/EU对市场参与者进行了重新定义,主要有以下内容：

① 整机安装商：电梯设计、生产、安装及投放市场的自然人或实体。

② 电梯安全零部件制造商：自主生产电梯零部件,或设计、为电梯零部件贴牌的自然人或实体。

③ 授权代理（电梯整机或安全零部件）：由安装商或制造商书面授权,代替安装商和制造商行使相应任务的自然人或法人,且生活或注册在欧盟成员国境内。

④ 进口商（安全部件）：从第三国把安全部件引入欧盟市场的自然人或法人,且生活或注册在欧盟成员国境内。

⑤ 经销商（安全部件）：在供应链上,将安全部件引入欧盟市场的、非制造商或进口商

的自然人或法人。

⑥ 经营者:指安装商、制造商、授权代理、进口商和经销商。

上述市场参与者之间的关系如图1-4所示。

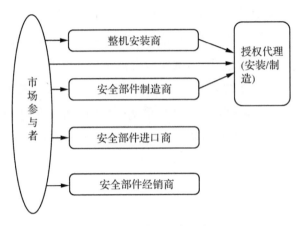

图1-4 电梯市场参与者

2) 电梯安装商的职责

2014/33/EU 对电梯安装商的职责做了以下明确规定:

① 确保在现场安装的整梯设计、制造、安装和测试符合 2014/33/EU 中附录 I 的相关要求;

② 提供技术资料;

③ 进行相关符合性的评估;

④ EU 自我声明;

⑤ 张贴 CE 标识;

⑥ 保留相关的技术资料和自我声明,直到该产品完全退出市场后 10 年;

⑦ 保留相关投诉和产品不合格的信息;

⑧ 确保电梯上有型号、批号和产品序列号等可供识别的电梯编号信息;

⑨ 在整梯上标注安装商名称、地址、注册商标和联系地址。

上述要求中,保留相关投诉、产品不合格的信息和确保电梯上有型号、批号、产品序列号等可供识别的电梯编号信息,这些内容是首次在 2014/33/EU 中提出的。

3) 安全部件制造商的职责

除了与电梯安装商的职责②~⑦要求一样外,2014/33/EU 对安全部件制造商的职责新增以下要求:

① 确保产品已经满足 2014/33/EU 中附录 I 规定的健康和安全要求;

② 在安全零部件上标注安装商名称、地址、注册商标和联系地址;

③ 采取必要的改进行为,确保产品合规,如果需要的话,召回产品;

④ 告知所在国的监管机构采取改进行为的具体措施；

⑤ 以纸质或电子文档形式向监管机构书面提供其产品合规的相关技术文件；

⑥ 与监管机构配合，采取必要的措施，消除已上市的安全零部件存在的风险。

4）安全部件进口商、经销商的职责

95/16/EC 未给出安全部件进口商和经销商的定义，而 2014/33/EU 给出了安全部件进口商和经销商的定义，并明确了两者的职责。

① 安全部件进口商的职责。

- 确保制造商履行相应的职责；
- 在安全零部件上标注其名称、注册商标和地址；
- 履行其职责，如抽样、处理投诉和经销信息等。

② 安全部件经销商的职责。

- 确保正确履行职责；
- 采取改造措施、产品召回的职责；
- 配合监管机构并提供相关信息。

上述要求中，进口商确保制造商履行相应的职责和在安全零部件上标注其名称、注册商标和地址属于新增的要求。

5）可追溯性

为提高产品的可追溯性，2014/33/EU 提出如下要求：

① 标注安装商、制造商、进口商的名称和地址；

② 标有唯一的产品识别号；

③ 在整个供应链上可以追溯，包括供应商和采购商的信息；

④ 上述信息应至少保留 10 年。

6）说明书语言的新要求

为提高产品说明书的可读性，2014/33/EU 中要求说明书应使用电梯安装地的语言编写。

7）市场监管的方法

为进一步规范市场监管行为，2014/33/EU 对市场监管方法的要求如下：

① 把之前的"安全保护行为"统一改为"危险产品保护措施"；

② 当产品存在风险时，市场监管部门应采取限制措施；

③ 与其他市场监督管理部门共享信息；

④ 允许其他市场监督管理部门采取行动。

8）"EU 自我声明"替代"EC 自我声明"

与 95/16/EC 相比，2014/33/EU 的一个很大的变化是用"EU 自我声明"替代了"EC 自我声明",EU 自我声明应满足以下要求：
① 产品完全满足指令的基本健康和安全要求；
② 2014/33/EU 附录 Ⅱ 规定的内容要求；
③ 2014/33/EU 附录 Ⅴ—Ⅻ 的相关信息；
④ 不断更新；
⑤ 提供投放市场所在地的语言。
（4）新指令的影响。
1）过渡时期
在 2016 年 4 月 20 日之后上市的电梯整机和安全零部件应满足新指令的要求，包括：
① 新的标识要求（名称、地址、产品序列号）；
② 新的自我声明；
③ 技术文档必须与新指令挂钩；
④ 可追溯性和市场监管；
⑤ 已发证书持续有效（如果产品设计和生产中没有变更）。
2）对电梯市场的影响
新指令实施以后，以下几个方面会对电梯市场产生影响：
① 如果相关的安全标准没有变化，原有的 EC 型式试验证书继续有效；
② 在过渡阶段，轿厢意外移动保护（UCMP）系统的符合性证书和 EC 型式认证证书等同；
③ 从 2016 年 4 月 20 日起，制造商只能按照新电梯指令进行 EU 自我声明；
④ 从 2017 年 8 月 31 日起，EN 81-1/-2 + A3《电梯制造与安装安全规范》作废。
3）与协调标准 EN 81 系列标准的关系
《新方法》规定了技术法规与标准之间协调的以下原则：
① 法律层面的协调仅限于在欧盟市场内流通产品所需满足的基本要求；
② 产品满足欧盟指令所规定基本要求的具体技术内容由协调标准明确；
③ 协调标准是自愿采用的，制造商可按照其他技术规范来满足欧盟指令所规定的基本要求；
④ 按协调标准制造的产品应被认为满足相应欧盟指令所规定的基本要求。
因此，在执行 2014/33/EU 时，要和电梯领域主要协调标准 EN 81 系列标准相互协调。目前，EN 81-20/50 过渡期已经结束，两者执行时间的关系如图 1-5 所示。

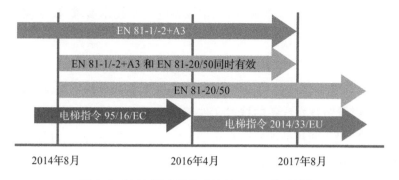

图 1-5　2014/33/EU 和 EN 81-20/50 的过渡期

2.《电梯及电梯部件的安全要求》

2016 年 6 月 3 日发布并实施的《电梯及电梯部件的安全要求》,内容包括总则、电梯及电梯部件 CE 标识、电梯及电梯部件的安全要求、电梯及电梯部件的合格评定程序、符合性声明、附加规定和附录七个部分。

第一部分"总则"介绍该规则的基本内容、适用范围、名词术语、电梯及其部件投放市场的前提条件、符合性技术文件的要求等。

第二部分"电梯及电梯部件 CE 标识"介绍 CE 标识的内容、张贴要求等。

第三部分"电梯及电梯部件的安全要求"介绍电梯的限速器、轿厢、悬挂装置、超载、电气系统、层门、轿门、缓冲器、对重防火等基本安全要求。

第四部分"电梯及电梯部件的合格评定程序"介绍电梯及电梯部件型式试验、检验等合格评定程序。

第五部分"符合性声明"介绍符合性声明需要的信息。

第六部分"附加规定"介绍现有法规适用于本规则实施之前投放市场的电梯,根据 1270 法规颁发的证书依然有效。

第七部分"附录"介绍电梯安全部件的种类、合格评定程序、符合性声明。

3.《技术检查法》(附 1-2)

2019 年 1 月 1 日,新版《技术检查法》经过一次较大的修订后开始正式实施,此次修订旨在提供公共安全和消除一些行政审批方面的障碍。此次修订的最大变化是允许相关人员拥有临时维保资格的许可,技术设备维保资格证书的有效期为 5~10 年,如果能证明过去 5 年内有 3 年从事本行业,资格证书可以免费复证,否则取消其资格证书。使用单位可以从技术检验办公室的官方网站(https://eudt.gov.pl)下载检验报告,这有利于环境保护并节约成本。

人员资格申请费用的调整也是本次修订的重大变化,费用调整为波兰人均收入的 3.75%(约 160 兹罗提)。技术检验办公室、交通运输技术检查机构和军事技术检查机构互认其中一家机构颁发的人员资格证书。同时,明确了关于技术设备"修理""改造""保养"

的定义。该法还规定了检验机构的职能、技术设备的基本技术要求、技术设备的管理及违反相关法规需接受一定的处罚。

技术设备的检验分为完全技术检验、限定技术检验和简单技术检验三种类型。完全技术检验涉及特定材料和部件的生产,这些材料和部件用于制造技术设备,还涉及对技术设备进行型式试验,以及对技术设备的技术文件和技术要求的检查。在使用过程中,还涉及对其进行验收检验(投入使用前的检验)、定期检验和特定检验(使用过程中、事故前、故障前或其他原因导致的检验),还需对维保人员资格进行检查。根据该法的规定,电梯应进行完全技术检验。

4.《合格评定与市场监管法》

为确保波兰合格评定体系的法规与新法律框架保持一致,2002年8月30日制定的《合格评定法》经过修订,于2016年4月13日实施并更名为《合格评定与市场监管法》。2019年2月22日波兰共和国众议院对其再一次修订,并公布实施最新版《合格评定与市场监管法》。

该法涉及制造商的责任,对经济实体、合格评定机构、公告机构及其他主管部门的职责提出要求,对产品合格评定的原则、程序、进出口认证、处罚等做出了规定,旨在减小制造商提供不合格产品的可能,减少不满足欧盟规章制度的产品。其主要内容如下:

(1) 产品合格评定。

根据该法律草案,投放市场或投入使用的产品必须符合一定的要求,需经合格评定并贴有CE标识。按照要求进行合格评定时,应对产品进行测试(如由制造商、安装单位或者委托其他机构实施),以检查其是否符合要求或认证(由公告机构实施)。产品涉及的指令包括电梯指令2014/33/EU。

(2) 经济实体的义务。

制造商、进口商和经销商在市场上销售的所有产品必须符合相关要求,产品加贴相应的标识,并附有相应的文件。这些实体还应与市场监督机构合作,如与竞争和消费者保护办公室开展合作,以防止产品可能带来的危害。

(3) 认证。

申请认证的单位需要满足的要求和标准需详细说明,对强制性和自愿性合格评定机构进行认证。

(4) 授权和通知。

合格评定机构的资质由波兰认可中心等机构进行认可,对合格评定机构的组织机构、人员及能力提出要求,对合格评定机构的复审、考核和资质吊销等做出具体规定。

(5) 波兰认可中心(PCA)。

PCA作为国家认可机构,是一个根据法律法规行使职权的主体,对合格评定机构的能力进行认可,对合格评定机构进行监督检查,就有关认证领域开展国际合作。开展宣传和促进认可能力的活动包括组织培训和出版活动。

(6) 市场监管。

市场监管系统涉及市场监管机构和海关,监管电梯的人员为劳动监察员。明确竞争和消费者保护办公室的任务,它不仅向其他国家市场监督机构和欧盟委员会提供有关不合规产品的信息,还向海关当局、欧盟成员国的市场监督机构和欧洲自由贸易联盟的成员国提供不合规产品的信息。

波兰竞争和消费者保护办公室主席可以向其他市场监督机构申请执行某个任务,这将使其能够持续获取并响应来自市场的信息,从而消除有关消费者保护和竞争水平的负面影响。该主席会对不合规或危害性产品进行登记,并适时向公众公布。

市场监督包括:

① 对产品的符合性进行监管或对产品可能带来的危害进行监管;

② 关于将不合规或危险产品投放市场或投入使用的处理程序;

③ 对输出到欧盟的产品进行监管。

(7) 控制市场监督系统。

市场监督系统检查产品是否符合要求,并对其安全风险进行评估。

(8) 经济处罚。

为了加强该法的实施,保护人民生命财产安全,该法规定对违法者实施严厉的行政处罚。对将不合规产品投放市场或将不合规产品投入使用的制造商、进口商、安装商处以最高 100 000 兹罗提的罚款。未张贴 CE 标识的相关企业会面临 20 000 兹罗提的罚款。如果经济运营商提供证据证明其已采取纠正措施,则不予处罚。

该法实施的目的是:

(1) 确保市场参与者的竞争力和创新能力;

(2) 消除产品对人们健康和安全构成的威胁,以保护人民生命财产安全以及环境和公共安全;

(3) 消除贸易技术壁垒,促进货物贸易。

合格评定体系涉及一系列关于合格评定方式的规则、程序和标准,并对产品合格评定提出要求。

5.《操作机器及其他技术设备时的最低健康和安全要求》(附 1-3)

本条例是波兰经济部根据波兰《劳动法》制定的施工人员在作业时需达到的最低健康和安全要求。从 2003 年 1 月 1 日开始,在波兰境内使用的机器应满足 2002 年 10 月 30 日发布的企业与技术部条例《操作机器及其他技术设备时的最低健康和安全要求》。该条例涉及为保护人员安全而对相关人员及机器本身进行防护,高空作业时对相关人员进行保护,高空作业时对爬梯、脚手架等设置要求,天气允许的情况下实施临时作业要求等。该条例对流动设备(如叉车、流动式起重机等)提出了安全要求,特别是其在工作场所使用时,雇主需了解相关法规。在机器首次使用前或者移装后,有些机器的安全使用需满足相关的安装技术条件,这些机器随着时间的推移安全状况会发生变化,甚至会存在安全风险,因此相关部门(如波兰技术检验办公室等)需对其进行定期检验。

该条例分为六个部分,分别是基本要求、对机器的使用要求、对机器的最低要求、对机器的检查以及雇主与员工协作共同确保安全使用机器、过渡性和最终条款。

雇主应采取措施确保在工作场所或雇主指定的作业地点向员工提供可靠的机器进行作业,在不损害员工安全或健康的情况下使用机器。在选择机器时,雇主应考虑到工作的具体条件和工作类型,以及对员工的安全和健康产生的危害,特别是在工作场所。雇主应考虑与使用机器有关的其他风险,还应确保对存在安全风险的机器进行操作、修理和改造应由有资质的人员实施。

该条例还规定雇主有义务对雇员在工作过程中使用的机器进行安全评估,但未说明雇主应该拥有哪些文件。

确认满足最低要求的文件形式可能有所不同,最低要求的安全评估可以采用多种形式,雇主可以任选一种,如机器评估报告、检查表、评估证书等,但这些需由相关部门检查并得到认可。

6.《提升设备在使用、修理和改造方面的检验技术条件》

波兰企业与技术部于2018年12月6日发布并实施该技术条例,其规定了包括电梯在内的提升设备在使用、维保、修理和改造方面的技术监管要求,旨在提高包括电梯在内的提升设备的运行安全。该条例包括一般要求,技术文件,使用、维保、修理和改造的技术条件,技术测试的类型和范围,过渡性和最终条款以及两个附录六个部分。

第一部分"一般要求":介绍本规则适用的范围及名词术语的解释、本规则涉及电梯的相关要求。

第二部分"技术文件":介绍检验需要提供的技术文件,文件包括技术说明、装配图、电气图等内容。技术说明包含主要技术参数、制造单位、制造日期等内容和其他测试条件等补充说明,同时还明确维护保养人员的资格由 UDT 授权。

第三部分"使用、维保、修理和改造的技术条件":介绍电梯需经过检验后才能投入使用,电梯检验涵盖绝缘电阻和接地电阻的测试,每台电梯需有维护保养记录,规定维护保养人员的职责等。

第四部分"技术测试的类型和范围":介绍电梯检验有验收检验、定期检验和临时检验三种类型。具体介绍以上三种检验类型的定义、目的、范围及要求等,检验现场需由使用者和检验员在场等内容。其中特定检验是故障恢复、事故发生后等特殊情况下的检验。

第五部分"过渡性和最终条款":介绍了废止的文件及过渡性条款。

第六部分"附录":介绍电梯等技术设备的检验周期及维护保养周期等内容。

该规定详细说明包括电梯在内的提升设备的定期检验周期和特定检验周期等。电梯检验周期为1年。如果有充分理由说明提升设备的技术状态对提升设备安全运行有影响,那么提升设备正常的定期检验周期可在有能力的技术检验机构决议的基础上缩短。

7.《需技术检查的设备》

2013年1月1日,部长委员会制定的《需技术检查的设备》开始实施。本条例规定了需法定检验的技术设备名称,即需技术检查的设备品种,其中在规定范围内运送人员或者货物的机器设备包括:

a. 绞车和升降机;

b. 起重机;

c. 龙门架;

d. 堆垛机;

e. 提升机,包括立体停车库,但车辆倾斜升降台和便携式手动提升机除外;

f. 电梯;

g. 升船机;

h. 平台升降机;

i. 残障人员专用设备;

j. 自动扶梯和自动人行道;

k. 环形运输机和平台;

l. 汽车起重机。

附 1-1　建筑法规中关于电梯的要求

波兰投资与发展部于 2019 年 4 月 8 日发布了《建筑及其位置的技术要求》，其中第 Ⅴ 部分的第九章对电梯提出了具体要求。

§54　客梯

1. 对于公共建筑、多住户建筑、集中居民楼（不包括封闭区域内的集中住宅建筑）以及其他最高楼层可容纳 50 人以上的建筑物，如果其中第一层与最高楼层之间（不构成双层公寓中的第二层）的高度差超过 9.5 m，以及具有两个或多个地面以上楼层的医疗保健大楼和社会福利大楼应配备乘客电梯。

2. 在设置电梯的公共建筑、多住户建筑和集中居民楼，电梯须服务于从地面一楼进入的通道以及通往残疾人到达的所有楼面的通道。

3. 在建筑物内或在现有建筑物中增加电梯井道的情况下，如果为残疾人提供可通往楼面的通道，则允许将层门的位置设置在楼面之间的平台高度。

第九章　电　梯

§193　电梯

1. 在 §54 所指的建筑物中，应根据建筑物的用途、高度以及乘客的数量和类型来确定电梯数量以及技术和运行参数。

2. 建筑物中至少有一部用于与人居住的房间进行连接的电梯，建筑物的每个垂直分隔的独立部分也是如此，该电梯用于运载家具、担架和残疾人。

2a. 残障人乘坐的客梯轿厢宽度至少应为 1.1 m，长度至少应为 1.4 m，扶手的高度应为 0.9 m，呼梯面板的高度应为 0.8～1.2 m，且距离轿厢拐角不小于 0.5 m。另外，该面板带有供盲人使用的标记和语音提示信息。

3. 对于中高层多户住宅建筑，如果楼梯可以到达的公寓最多不超过 3 个单元，那么可以安装不符合上述第 2 条要求的电梯，但需考虑适应残疾人的需要。

4. 供消防救援队使用的电梯应符合 §253 以及有关消防规定的要求。

§194　电梯通道

1. 应在每个实际楼层设置通往电梯的通道，但这不适用于由阁楼改建为住宅目的或其他目的的上层建筑或楼层。

2. 停靠在实际楼层的电梯轿厢与电梯出口处楼层的高度差应不大于 0.02 m。

§195　电梯层门与层门对面井道围壁之间的距离

关闭的电梯层门与层门相对的井道围壁或其他分隔部分之间的距离应至少为：

（1）乘客电梯——1.6 m；

（2）杂物电梯——1.8 m；

（3）医用和载货电梯——3 m。

§196　电力驱动电梯

1. 多户住宅楼和集体住宅楼中电力驱动电梯的井道应与建筑物的墙壁和楼板隔离。

2. 在上述规定的建筑物中，允许电梯井道在不带膨胀螺栓的情况下安装电力驱动电梯，但前提是它们与非居住区隔开，而不是用于永久性居住的房间，并且不用膨胀螺栓以防止振动从导轨传递到建筑物结构，这样可以达到降低噪声的目的。传递至居住区域的振动和噪声未超过波兰标准中有关房间允许的噪声，也不会超过振动对建筑物产生的限值。

3. 第2条涉及的要求不适用于液压驱动电梯、杂物电梯、机房位于顶部或者底部的电梯以及无齿轮电梯，但须遵守§96的规定。特别是未使用膨胀螺栓的电梯井道应采取措施防止振动从导轨传递到建筑物结构，从而使传递至住宅场所的噪声和振动不超过波兰标准中规定的值。

§197　电梯基本要求

1. 电梯驱动部分的安装方式应防止振动传递到建筑物结构。

2. 禁止将电梯的机房设置在客厅旁边，但这不适用于根据§96规定的条件将阁楼改建为住宅用途的阁楼或顶层。

3. 电梯的机房应配备能够提升电梯部件的装置。

§198　电梯井道的要求

1. 电梯井道和机房可位于建筑物外部，但其最低温度应为5℃。

2. 电梯井道应由不产生粉尘的材料制成，或采用不产生粉尘的涂层对其进行保护。

§199　禁止直接在轿厢运行路径的电梯井道下方通行并设置供人居住的房间

当电梯井道下方的天花板承受至少 5 000 N/m² 的交变载荷，并且在对重运行路径下方设有坚固的地面支撑的支柱或对重配有安全钳时，则不适用于此情况。

§200 井道中电梯的设置

在医院和社会福利大楼中,每台电梯应设置在单独的井道中。在其他建筑物中,一个井道中最多只能设置 3 台电梯。

§201 电梯井道中的设备

仅将与电梯运行和维护相关的设备与电缆装于电梯井道中。

§202

电梯、其他提升设备、自动扶梯和自动人行道电梯需满足的详细要求在单独的条款中详细列出。

§253 消防电梯

ZL Ⅰ——具有多个房间,可同时容纳 50 名外来人员。例如:大型购物中心、大型商店、剧院、电影院、会议室、展览室、健身馆、宾馆等场所。

ZL Ⅱ——主要用于行动不便的人。例如:幼儿园、医院、敬老院、收容所等场所。

ZL Ⅲ——除了 ZL Ⅰ 和 ZL Ⅱ 之外的公共场所。例如:较小的商店、药房、学校、银行、饭店等场所。

ZL Ⅳ——住宅建筑,如公寓楼等。

ZL Ⅴ——除了 ZL Ⅰ 和 ZL Ⅱ 之外的居住场所。例如:孤儿院、旅馆等。

1. 在 ZL Ⅰ、ZL Ⅱ、ZL Ⅲ 或 ZL Ⅴ 建筑物中,建筑物的楼层距离建筑物最低入口处的地面大于 25 m,在高空建筑物(WW)ZL Ⅳ 中,至少应根据消防救援的需要设置一台电梯,该电梯应符合波兰消防电梯标准。每个消防区域都能通过消防电梯直接到达。
2. 消防电梯的通道应符合 §253 规定的要求。
3. 消防电梯井道的墙壁和地面应具有与建筑物地面相同的耐火等级。
4. 消防电梯的井道应配备防止烟雾弥漫的装置。

附 1-2　技术检查法

第 1 章　一般规定

Art1　该法的基本内容

该法规定实施监管的原则、范围和方式及技术检查机构。

Art2

1. 依法采取的监管活动是为了确保技术设备安全运行,确保气体存储装置安全使用。
2. 技术监管由技术检查机构来实施。
3. 按照有关规定,技术检查机构实施的监管行为不等于技术设备的设计单位、使用单位、修理和改造单位免于对这些设备的质量和技术负责,其质量和技术影响这些设备的安全使用。

Art3　该法不适用的范围

本法不适用于:
(1) 用于科学研究的技术设备;
(2) 矿井提升设备和地下矿产技术设备。

Art4　法律条款的解释

该法涉及以下术语的定义:
(1) 技术设备,应理解为可能对人类生命或健康、财产和环境产生威胁的技术设备:
(a) 不同压力的液体或气体;
(b) 在有限范围内运送人员或货物释放潜在的势能或动能;
(c) 储存或运输期间有害物质的传播。
(2) 技术检查的技术条件,应理解为有关部长根据该法确定的要求,技术设备或用于回收燃料蒸汽的设备应满足该要求。
(3) 技术检查机构——UDT 和专业技术检查机构。
(4) 专业技术检查机构,指交通运输技术检查机构和军事技术检查机构。

（5）改造或改变原有设备特征,包括:

（a）所用材料及结构;

（b）技术参数;

（c）安全保护装置及其组件。

其特性或预期用途没有重大变化,不会增加使用时的安全风险。

（6）修理,旨在恢复技术设备原有的使用状态,包括采用化学方法,但不改变原有设计结构和技术参数。

（7）保养,旨在根据使用维护说明书的要求维持技术设备原有的使用状态,但不改变原有设计结构和技术参数。

Art5　需进行技术检查的设备

1. 需要监管的技术装备在设计、制造(包括材料和部件的生产)、修理和改造、营销和使用方面受到监管。

2. 部长理事会根据规定明确需要监管的技术设备,同时确保需要监管的技术设备(核电厂的设备除外)使用安全。

3. 技术设备是除了 Art4 中第(1)条所述的设备之外,部长理事会可通过法律法规扩大威胁人类生命、健康、财产和环境安全的设备范围,但核电厂的设备除外,同时必须确保这些设备的安全运行。

4. 部长会议应通过法律法规确定需要监管的技术设备的类型,以及威胁人类生命、健康、财产和环境安全的设备,包括 Art4 规定的需监管的技术设备,核电厂内需检验的技术设备除外,同时必须确保这些设备的安全性。

Art6　技术设备的设计、制造、修理、改造和使用原则

按照法律法规的规定,技术设备的设计、制造、修理、改造和使用应该在确保其用途的同时保证其安全性。

Art7　技术检查机构的职责

1. 技术检查机构应按照《行政程序法》的程序实施行政诉讼。

2. 技术检验办公室(UDT)的职责,根据《行政程序法》由该办公室主任及其上级主管经济的部长来规定。

3. 交通运输技术检查机构的职责,根据《行政程序法》,由该机构主任及其上级交通运输部部长来确定。

4. 军事技术检查机构的职责,根据《行政程序法》由该机构主任及其上级国防部部长

来确定。

第2章 技术检查的范围和方式

Art8 协调技术检查的技术文件和技术条件

1. 技术设备投入使用前,制造单位提供的技术文件需经技术检查机构认可,这些技术文件需遵循相关的技术法规,有特别规定的除外。

2. 在技术文件的认可过程中,应确立监管模式。

3. 技术文件的变更需经技术检查机构认可。

4. 负责经济的部长通过制定法规确定技术监督的技术条件,其范围包括:
(1) 技术设备的设计;
(2) 用于制造、修理或改造技术设备的材料和部件;
(3) 技术设备的生产;
(4) 技术设备的使用;
(5) 技术设备的修理和改造。

5. 主管经济的部长通过颁布法规,规定与技术设备相关的施工、工艺、强度计算、附件、标志、材料和部件、制造、修理或改造的特殊要求,确定测试内容、定期检验的周期、检验所需的文件类型,制定规则确认焊接、塑料成型、热处理、无损检测和运行维护的要求,规定取得维保和操作资格证书所需的条件。同时还要考虑到电离辐射影响设备安全运行和操作的风险程度。

5a. 主管能源的部长根据法规要求在以下几个方面确定检查的技术条件:
(1) 设计;
(2) 用于制造、修理或改造的材料和部件;
(3) 制造;
(4) 使用;
(5) 修理和改造;
(6) 清理。

6. 如果技术设备无技术检查的技术条件,可以与技术检查机构协商获得该设备设计、制造、修理或改造的授权。

7. 对于上述设计、制造、修理或改造的技术要求,确认其满足Art6所提到的要求后,技术检查机构可认可其技术条件。

Art9 认可的条件和程序

1. 对于技术设备及用于制造、修理或改造技术设备的材料和部件,其制造、修理或改造需以行政决定的形式获得许可,制造、修理或改造资质由技术检查机构授权,有特殊要求的除外。

（1）自 2018 年 3 月 6 日起,《外国企业家和其他企业参与波兰共和国境内贸易规则法》所述国家的公司想在波兰境内修理、改造技术设备同样也要取得资格证书,生产用于修理或改造技术设备的部件和元件也要取得许可。

（2）当偶尔提供修理或改造服务,并采用技术检查机构认可的修理和改造技术时,不需要获得许可证。

2. 对于申请制造技术设备及用于制造、修理或改造的材料和部件的单位,认定其满足制造、维修或改造技术条件后,技术检查机构应授权其相应的行为。这些申请单位应该满足以下条件：

（1）具备制造、修理或改造相关的技术；

（2）具备顺利完成制造、修理或改造相关的设备；

（3）雇用具有相应资格条件的工作人员；

（4）有组织的质量控制能力；

（5）对于制造、修理或改造的技术设备和材料,在自己实验室或技术检查机构认可的实验室内有能力进行有损检测和无损检测。

3. 如果制造、修理或改造技术设备具有符合波兰标准的质量管理体系,技术检查机构认为其满足上述第 2 条的要求。

3a. 技术检验办公室、军事技术检查机构和交通运输技术检查机构负责人在各自管辖范围内确定递交电子文档的模式,申请材料按照第 2 条的要求提供,电子文档按照《关于实施公务行为的计算机应用》的要求提供。

4. 资质认可的证明文件主要包括：

（1）技术规范,描述技术设备所具备的质量、技术性能、安全性或尺寸方面的特性,包括名称、符号、检测方法、标签等信息,技术规范不仅可用于制造技术设备,还可用于生产制造、修理和改造技术设备所需的材料和部件；

（2）用于制造、修理或改造技术设备所需的技术；

（3）用于制造、修理或改造技术设备所需的材料；

（4）质量控制要求。

5. 根据上述 Art9 第 2 条的要求,由技术检查机构授权制造、修理或改造技术设备的相关单位制造、修理或改造技术设备。只要其满足技术要求,不管技术设备在哪里安装、操作和使用,都可以由其他技术检查机构实施检查行为。其他技术检查机构也认可其制造、修理或改造技术设备的能力。这可避免重复认证。

Art10　告知技术能力发生变更

1. 对于授权资质证书中制造、修理或改造技术设备的技术能力有所变化,有关单位有义务向技术检查机构告知其变化情况。

2. 针对上述第1条有关单位向技术检查机构告知技术能力的变化情况,技术检查机构应对技术能力的变更情况重新审批,并将结果告知制造、修理或改造单位。

Art11　资质中止

1. 如果未满足技术检查机构规定的技术条件,或者生产劣质的材料、元件或技术设备,进而影响这些技术设备的安全运行,技术检查机构有权吊销其资质证书。

2. 针对上述存在的问题,技术检查机构以正式通知的形式限定其整改时间,在规定期限内如未完成整改,将吊销其资质证书。

Art12　技术检查的形式

对技术设备的技术检查,不管实施上述怎样的行为,技术检查须采用以下几种形式:

(1) 完全技术检查;

(2) 限定技术检查;

(3) 简单技术检查。

Art13　生产和使用过程中对技术设备的测试

1. 除非有特殊规定,否则:

(1) 在制造应当接受完全或限定技术检查的技术设备的过程中,技术检查机构必须检查在制造技术设备的过程中所使用的特定材料和部件,而且要对成批生产的设备进行型式试验,并对技术设备进行试验,以便测试其是否满足技术文件的要求及技术条件。

(2) 对于应当接受完全技术检查的技术设备,技术检查机构应实施以下行为:

(a) 按照工作程序进行检查-验收检验;

(b) 实施定期技术检查和特定技术检查;

(c) 检查技术设备维保人员的资格证明。

(3) 对于应当接受限定技术检查的技术设备,技术检查机构实施以下行为:

(a) 按照工作程序进行检查-验收检验;

(b) 实施特定技术检查;

(c) 检查技术设备维保人员的资格证明。

(4) 对于制造应当接受简单技术检查的技术设备,技术检查机构对其进行型式试验,并确认其是否按照 Art9 第 4 条的要求进行生产。

2. 在制造过程中一旦发现存在持续影响产品质量的情况,技术检查机构应该在被告知后的 12 个小时内进行特定技术检查。

Art14　授权使用技术设备

1. 包括 Art15 第 1 条涉及的设备在内,技术设备需经过技术检查机构检验合格后才能投入使用。

2. 被授权使用许可之前,技术检查机构应该按照 Art13 第 1 条的要求进行测试和检验,还要实施以下行为:

（1）检查提交文件的完整性和正确性;

（2）通过检验来验证技术设备是否满足相应的技术要求;

（3）技术设备使用之前,按照技术检查的要求对技术设备进行测试;

（4）应技术检查机构的要求,对设计文件或者技术上可行的情况进行检查。

3. 在技术上可行的情况下,部分技术设备可以在制造单位进行测试。测试报告中体现测试结果和技术内容,在设备获得使用许可之前,在使用区域进行测试时,可参考这些结果。

4. 如果按照第 2 条实施测试的结果合格,那么设备应获得使用许可,检验形式也由技术检查机构确定。

5. 合格有效期是从业主或者其代理人获得授权使用之日起开始计算。

6. 如果按照第 2 条实施测试,测试结果不合格,那么设备不会获得使用许可。

Art15　技术检查的标识

1. 按照 Art14 的要求,设备获得使用许可,并张贴标识:Decyzji zezwalającej, o której mowa w art. 14 zezwolenie na eksploatację urządzeń technicznych, ust. 4, nie wydaje się dla urządzeń objętych dozorem technicznym uproszczonym lub oznaczonych przez wytwarzającego znakiem dozoru technicznego.

2. 通过张贴上述第 1 条所述的标识,制造单位声明其技术设备的制造符合 Art9 的要求。

3. 主管经济的部长应通过制定法规规定检验合格标记。

Art15a　业主发生变更

除非另有规定,否则对于技术设备变更业主的情况,应按照 Art14 第 1 条的要求,新业主有责任使得技术设备获得使用许可,假设情况是:

(1) 自从上一次检验后，设备使用状况未发生改变；

(2) 新业主应递交合格证明文件，将技术设备业主更换的情况告知技术检查机构。

Art16　技术设备交易许可

1. 根据 Art15 所述带有技术检查标识的技术设备才可以进行交易。

2. 经制造单位的申请，如果根据同样的技术文件和技术批量生产归为简单技术检查的技术设备，那么技术检查机构可允许其进行技术设备的交易。

3. 允许交易之前应进行型式试验。

4. 在符合规定的文件和技术测试的前提下，上述型式试验是对随机选择的设备进行测试。

5. 设备可能会需要额外测试，包括有损检测。

Art17　修理和改造许可

1. 修理或改造技术设备需经过技术检查机构的同意，Art15 的第 1 条所述的情况除外。

技术设备的改造是基于技术检查机构的认可，其改造应符合技术要求，另有规定的除外。

2. Art14 所述技术设备的使用许可适用于修理或改造实施后。

Art18　暂停使用或召回

1. 如果使用单位违反技术检查的规定，那么技术检查机构会做出停止使用该设备的决定。

2. 如果设备危害人民生命财产安全、健康或者环境，那么技术检查机构会做出停止使用该设备的决定。

3. 如果允许交易的设备危害人民生命财产安全、健康或者环境，那么技术检查机构会做出召回和停止制造该设备的决定。

4. 对于上述从市场上召回的技术设备，技术检查机构应通过主流媒体公开向公众通报。

5. 对于涉及的设备需重新按照上述许可条件获得许可后才可继续使用或者销售。

Art19　上报设备存在的隐患或事故

1. 使用单位有责任将设备存在的隐患或者使用过程中发生的事故上报至技术检查机构。

2. 危害技术设备安全或者在使用过程中与事故相关的组织机构应立即向技术检查机构报告至少以下内容：

（1）危害事件或事故发生的时间和地点；

（2）技术设备的业主信息；

（3）技术设备的注册号和序列号；

（4）危害事件或事故的情形。

Art20　进口设备、材料和部件的技术要求

1. 技术设备进口商与用于技术设备生产、修理或者改造的材料和部件进口商应该与技术检查机构就技术要求达成一致，有特定要求的除外。

2. 应进口商的申请，技术检查机构就上述事宜做出决定。

3. 上述第2条涉及的申请内容不仅包含制造商和供应商的信息，还包括以下内容：

（1）关于技术设备。

（a）设备的型号和名称；

（b）设备型式；

（c）设备的运行参数；

（d）设备数量。

（2）用于技术设备生产、修理或者改造的材料和部件。

（a）材料和部件的型号、等级和尺寸；

（b）材料和部件的用途；

（c）材料和部件的数量。

4. 与技术检查机构就技术要求进行协商时技术检查机构应说明：

（1）技术设备制造和施工要求；

（2）用于生产、修理或改造技术设备的材料和部件的生产标准和规范；

（3）验收测试的范围；

（4）技术文件的范围。

5. 上述涉及的技术要求的确定并不意味着无须Art9所述的要求，也并不意味着无须按照Art14所述获得技术设备的使用许可。

6. 在海关法规的框架内，允许国外制造的技术设备的交易在海关合格判定的声明中有所介绍。

Art20a　本法规定的例外情况

Art8技术检查的文件和技术条件，Art9授权的条件，Art13技术设备在制造和使用过程

中的测试，Art20 进口设备的技术要求不适用于以下情况：

（1）欧盟其他成员国或者土耳其境内生产、允许交易的法规；

（2）欧洲自由贸易协定成员国制定的法规，这些成员国是欧洲经济区协定的缔约方。

Art21　对国外测试的设备的认可

如果满足以下条件，那么技术检查机构可以认可国外关于技术设备测试的文件，即

（1）技术检查机构与设备所在国家检验检测机构达成协议；或者

（2）技术设备的设计和制造所依据的技术要求不低于波兰的技术要求。

Art22　对技术设备生产、修理、改造和质量控制负责人的要求

1. 技术设备生产、修理、改造和质量控制负责人，用于生产、修理或改造这些设备的材料和部件的生产、修理、改造和质量控制负责人应具备以下条件，即

（1）受过高等教育和至少有 2 年的从业经历；或者

（2）受过中级技术或行业培训且至少有 5 年的从业经历；且

（3）熟知技术检查方面的标准、法规和技术要求。

2. 对于制造、修理和改造技术设备，以及对用于制造、修理或改造这些设备的部件进行塑性成形、热处理、焊接，其作业人员必须具有资格证书，资格证书能证明其能够从事这些活动并具备一定的专业技术水平，同时还要熟知相关的法律法规、标准和技术规范。

3. 第 2 条所述的规定适用于技术设备的操作和维保人员。

3a. 第 2 条所述人员资格证书的有效期为 5～10 年，这取决于不同设备类型在使用和维保方面的难度，以及设备产生的危害程度。

3b. 技术检查机构颁发的资格证书是对人员资格的认可，包括安装、改造、修理和维保技术设备的能力。安装或使用技术设备的地点不同，技术检查可由另一个技术检查机构来实施。

4. 对于违反相关技术检查方面的技术条件、标准和法规的人员，技术检查机构可以：

（1）中止相关人员的资格证书，复查后满足条件可继续持有证书；

（2）吊销相关人员的资格证书。

Art23　取证程序

1. 根据相关人员的申请，技术检查机构依据资格审查程序的规定审查其资格，这些人员包括技术设备的制造、修理、改造和质量控制人员。

1a. 资格证书的申请内容包括申请人姓名和昵称、联系地址和 PESEL 号码，如未提供 PESEL 号码，则提供能够识别人员身份的文件类型和编号。

1b. 针对资格证书的申请,还要提供以下材料:

(1) 申请人的受教育程度。

(2) 申请地点。

(3) 申请的资格范围。

(4) 协议:

(a) 技术设备的业主或其授权人;

(b) 实施上述 Art23 第 1 条所述行为的机构管理者。

(5) 证明其他资格能力的证明文件复印件(如需要)。

1c. 申请者年满 18 周岁,其波兰语熟练程度应能满足其能力要求,并了解波兰相关的法规和技术要求。

2. 人员资格认定由技术检查机构授权的资格审定委员会来实施。

2a. 人员资格证书的复证是免费的,但需要申请人的书面申请。

2b. 复证申请书中包括申请复证的项目和个人信息。

2c. 复证需满足以下条件:

(1) 资格证书到期前至少 3 个月提出申请;

(2) 资格证书到期前的最近 5 年内至少有 3 年从事与复证项目对应的工作。

2d. 如果申明最近 5 年内至少有 3 年从事与复证项目对应的工作是虚假信息,那么申请人会承担刑事责任。申明内容如"本人如提供虚假信息将按照《惩罚法》承担刑事责任"。

2e. 对于已经延长有效期的资格证书,Art22 中的 3b 适用于从事制造、修理、改造或者质量控制的相关人员。

3. 人员资格审查需要缴纳一定的费用。

4. 人员资格审查费用为递交申请书时人均工资的 3.75%。

5. 主管经济事务的部门应通过制定法规来规范以下内容:

(1) 审查技术设备作业人员取证的方式,要充分考察申请人的理论水平与实践能力;

(2) 资格证书的复证方式和步骤;

(3) 哪一种技术设备需要作业人员资格证书;

(4) 资格证书的有效期;

(5) 技术设备作业人员取证的申请模式;

(6) 技术设备作业人员复证的申请模式;

(7) 技术设备作业人员资格证书的内容,包括资格范围、技术设备的类型以及作业的危险程度。

Art24　技术检查人员

1. 技术检查由技术检查机构的雇员来实施,通常称为"检验员",他们由技术检查机构授权并持有工作证。

2. 检验员有权进入公安部门、边防部门、消防部门、内部安全部门、情报机构和中央反腐机构内实施技术检查工作。

Art25　执行技术检查的任务

(1) 设计和制造的技术设备,以及用于制造、修理或改造这些设备的材料和部件;
(2) 操作用于存储燃料蒸汽的装置。

Art26　技术设备的使用单位须履行的义务

技术设备使用单位须履行以下义务:
(1) 提供安全且有利于技术检查的现场条件,业主或者其授权代表现场陪同检验员;
(2) 应检验员的要求,提供技术设备可靠运行的文件和材料。

Art27　对检验员的要求

检验员在执行技术检查任务时,应遵守企业主的内部规定。

Art28　检验员的权利

检验员有权实施以下行为:
(1) 出示授权证件和工作证(见 Art24 第 1 条)后,进入技术设备所在的场所和区域;
(2) 除非另有规定,否则在这些场所和区域内检查不受约束;
(3) 接近技术设备;
(4) 要求业主提供必要的信息,包括必要的文件和测试结果;
(5) 在约定日期开展检验、试验和其他活动,以验证技术设备的状态及技术设备使用、修理或改造的符合性,验证用于制造、修理或改造技术设备所需的材料或部件的符合性;
(6) 提出技术方面的意见和建议。

Art29　技术检查任务的实施原则

检验员在业主或其授权代表在场时进行技术检查。

Art30　检验员遵守职业健康与安全要求

检验员有义务遵守使用单位的安全和健康要求。

Art31 向检验员提供安全的工作条件

为了有效地实施技术检查,在技术检查时,使用单位有义务向检验员提供安全的工作条件。这些条件包括:安全地接近受检设备,如有危及检验员安全的情况,施工、安装、修理、改造等危及检验员安全的作业应立即中止检验。

Art32 不具备技术检查的条件

如果不具备技术检查的条件,那么检验员有权中止检查。比如:
(1) 技术设备准备不充分;
(2) 光线不足或者烟雾阻碍视线;
(3) 工作环境中的有害物质超过允许的密度或浓度,或者环境温度过低或过高。

Art33 技术检查报告

1. 检验员以书面或电子版的形式编写技术检查报告。
2. 受检单位业主或其授权代表确认接收报告。
3. 受检单位业主以纸质或电子版的形式保存相关技术设备的报告。

Art34 技术检查费用

1. 除 Art48 所述的军事技术检查机构之外,实施技术检查行为应收取一定的费用。
2. 对于不同的技术设备以及实施不同的技术检查行为,经济主管部门应对技术检查制定法规以便规范费用的收取。

第 3 章 技术检查机构

Art35 技术检验办公室

1. 技术检验办公室简称"UDT",UDT 是具有法人资格的机构。
2. UDT 的总部位于波兰首都华沙。
3. UDT 不对财务负责,财政部门也不对 UDT 负责。

Art36 技术检验办公室隶属关系

UDT 隶属于主管经济的国家政府部门。

Art37 UDT 的职责范围

UDT 的职责范围包括:

（1）监管技术设备，审查其技术检查方面的符合性，以及监控其是否满足相关的规章制度；

（2）检验技术设备；

（3）对技术检查的结论做出判定；

（4）培训技术检查人员；

（5）对在用技术设备的使用情况进行记录；

（6）在技术检查方面与专业技术检查机构开展合作；

（7）牵头开展标准化活动，参与制定或改进技术检查方面的技术要求，以及设备安全运行的准则和技术条件；

（8）分析对技术设备产生危害的原因和结果，评估对技术设备带来的风险；

（9）开展技术设备安全运行的研究项目和课题，指导在这一领域开展诊断试验，并提供专业知识；

（10）开展旨在提高制造商生产质量和用户安全使用方面的活动；

（11）对技术设备安全使用进行宣传，组织该领域的相关咨询活动；

（12）与政府机构、国外的相关机构就技术设备的安全运行开展合作；

（13）与波兰国内和国外机构合作，旨在协调欧盟的技术检查要求；

（14）对相关人员进行维保、操作等技能培训；

（15）检查相关人员技术设备的生产、修理、改造、维保资质，并检查相关人员的无损检测资质；

（16）技术设备的质量体系认证；

（17）建议修改技术设备检查的收费标准；

（18）按照2015年2月20日实施的《可再生能源法》执行相关任务；

（19）按照1997年4月10日实施的《能源法》采取有效措施。

Art37a UDT提供的支持

1. UDT可以向有关实体提供支持和帮助，内容涉及普及科学知识和技术成果，以及确保公共安全。

2. 可以对以下部门提供支持和帮助。

（1）1991年10月25日实施《关于组织和开展文化活动的法令》所指的文化机构；

（2）2010年4月30日实施《关于资助科学的法案》所指的科学单位。

3. 可以通过以下形式提供支持和帮助。

（1）无偿的经济援助；

（2）非经济援助。

4. 可以为旨在实现以下项目提供支持，即普及科学知识和技术成果，确保公共安全。

5. 获得经济援助的实体有义务根据需要接受相关援助。

6. UDT 以报告的形式根据其用途对援助的资金进行监管。

7. 接受经济援助的实体负责合理使用援助资金。如果与支持目的相违背或超过其使用范围，那么全部或部分资金将退还给 UDT。

8. 每次通过合同明确提供援助的详细内容，合同应特别说明：

（1）详细用途和支持目的；

（2）援助形式；

（3）资金使用的方式和日期；

（4）经济援助的期限；

（5）UDT 对经济援助进行检查，包括提交上述涉及的报告的截止日期；

（6）关于合同终止的条款；

（7）关于资金援助的条款。

Art38　UDT 主任

1. UDT 的最高领导人是主任，由负责经济事务的部长任命，通过公开竞争选出。负责经济事务的部长有权罢免该主任。

1a. 主任的职位须满足：

（1）具有硕士学位或同等学力；

（2）是波兰公民；

（3）具有完全民事行为能力；

（4）没有犯罪记录；

（5）具有一定的管理能力；

（6）至少有 6 年的工作经验，其中至少有 3 年以上的管理职位工作经验；

（7）掌握培育和管理 UDT 的能力。

1b. 主任职位的招聘公告张贴于波兰检验办公室的公告栏和总理办公室的公告栏。公告内容应当包括：

（1）办公室的名称和地址；

（2）职位简介；

（3）法律规定的职位要求；

（4）工作范围；

（5）需提供的文件资料；

（6）提交文件的日期和地点；

（7）招聘方法和途径。

1c. 按照上述第1b条的要求提交文件的日期自技术检验办公室和总理办公室公开发布招聘信息之日起，不得短于10天。

1d. 主任的招聘由负责经济事务的部长任命的一个招聘团队负责，团队至少3人，他们具备的知识和经验足以保证招聘到最合适的人选。在招聘过程中，需充分评估候选人的专业经验和管理能力，这些经验和能力足以满足招聘岗位的要求。

1e. 关于上述对候选人知识和管理技能的评估，可以应招聘团队的请求邀请有资质的评估团队来实施，但是该团队不是招聘团队的成员。

1f. 招聘团队的成员和评估团队的成员在招聘过程中有义务对应聘人员的信息保密。

1g. 实施招聘时，招聘团队向负责经济事务的部长推荐不超过3名候选人。

1h. 招聘团队草拟一份报告，内容包括：

（1）技术检验办公室的名称和地址；

（2）招聘职位的描述和候选人的数量；

（3）根据岗位招聘计划的要求，不超过3名最合适的候选人的姓名、昵称和联系地址；

（4）招聘方法；

（5）该候选人应聘成功及失败的理由；

（6）招聘团队的组成。

1i. 招聘的结果应立即在技术检验办公室的公告栏和总理办公室的公告栏里公布。招聘结果的信息包括：

（1）办公室的名称和地址；

（2）招聘职位的描述；

（3）候选人的姓名、昵称及其居住地信息。

1j. 该职位招聘信息和招聘结果都是免费刊登在技术检验办公室的公告栏和总理办公室公告栏。

2. 主任全面领导UDT的工作，对外代表UDT。

3. UDT主任向负责经济事务的部长递交UDT工作实施的年度报告，递交报告的截止日期为每年的6月30日。

4. UDT副主任的职位数不超过2个，通过公开竞聘后由UDT主任任命，副主任的解聘由主管经济事务的部长决定。

5. 招聘副主任的团队由主任任命。

6. 上述第1a条—第1j条同样适用于招聘副主任。

7. 主任空缺时，由副主任暂时履行主任职责。

8. 如果2名副主任在位，那么在空缺主任的情况下暂时履行主任职责的副主任由主管经济的部门指定。

9. 如果副主任和主任都空缺,那么暂时履行主任职责的员工由主管经济的部门指定,该员工在 UDT 原本担任管理职务。

Art39　UDT 的组成

1. UDT 由以下部门组成:
（1）UDT 总部;
（2）UDT 驻各地的分支机构。

2. UDT 驻各地的分支机构负责人由 UDT 主任任命和解聘。

Art40　UDT 实施的技术检查范围

UDT 按照法规执行技术设备的技术检查工作,受其他特殊技术检查机构检查的技术设备除外。

Art40a

1. 应公共管理部门的申请,UDT 应向其提供技术设备的运行信息,包括 Art14 技术设备授权使用情况以及 Art18 第 1 条和第 6 条技术设备的中止使用等。

2. UDT 在收到上述申请后 30 日内向有关部门递交技术设备的运行信息。

Art41　UDT 的法规

1. 负责经济事务的部长按照规定对 UDT 制定法规。

2. 负责经济事务的部长按照上述规定详细制定 UDT 的法规,即 UDT 的内部组成、分支机构和授权的法律事务等,从而确保 UDT 有效运转。

Art42　交通运输技术检查机构

1. 交通运输技术检查机构简称"TDT",TDT 是具有法人资格的机构。

2. TDT 注册地位于波兰首都华沙。

3. TDT 不对财务负责,财政部门也不对 TDT 负责。

Art43　TDT 的隶属关系

TDT 隶属于负责交通运输的政府部门。

Art44　TDT 的职责范围

1. TDT 的职责范围包括以下内容:

(1) 技术检查涉及以下设备：

(a) 安装在铁路、铁路车辆、铁路专用线的技术设备。

(b) 客运和货用缆车及滑雪电梯。

(c) 铁路、公路和内河航道运输使用的设备。

(d) 技术设备：

——位于船只；

——位于浮码头；

——位于船坞；

——位于港口和码头及内河航运；

——与海上和内陆航运相关的区域，特别是承压设备、非承压容器和起重设备。

(e) 港口转运基地的技术设备、海上装载设备和运输服务的技术设备。

(2) 按照2011年8月19日实施的《危害物品运输法》的规定进行相关的作业。

(3) 对上述技术设备进行检查后做出行政许可的决定。

(4) 记录技术设备的使用情况。

(5) 培训TDT员工。

(6) 执行Art37第1条和第8至16条涉及的工作任务。

(7) 执行1997年6月20日实施的《道路交通法》的任务。

(8) 遵守1997年4月10日实施的《能源法》第3条和第4条。

(9) 开展旨在提高交通领域公共安全的活动。

(10) 与其他技术检查机构就技术检查行为开展合作。

(11) 就技术设备的安全使用等开展标准化活动，并参与Art54第2条涉及的提高技术设备检查水平的活动。

(12) 申请变更技术检查费用。

2. Art44第1(1)条涉及的技术检查不包括适用于船级社检查的船只。

Art45　TDT主任

1. TDT的最高领导人是主任，由负责交通事务的部长任命和解聘。

2. 主任全面领导TDT的工作，对外代表TDT。

3. TDT主任向负责交通事务的部长递交TDT工作实施的年度报告，递交报告的截止日期为每年的5月31日。

4. 应TDT主任的请示，TDT副主任的任命和解聘由主管交通事务的政府部门实施。

Art46　TDT的组成

1. TDT由以下部门组成：

(1) TDT 总部；

(2) TDT 驻各地的分支机构。

2. TDT 驻各地的分支机构主任由 UDT 主任任命和解聘。

3. TDT 主任在其总部和分支机构的支持下完成 Art44 所述的职责。

Art47　TDT 的法规

1. 负责交通事务的部长按照规定对 TDT 制定法规。

2. 负责交通事务的部长按照上述规定详细制定 TDT 的法规，即 TDT 的内部组成、分支机构和授权的法律事务等，从而确保 TDT 有效运转。

Art48　军事技术检查机构

军事技术检查机构简称"WDT"，WDT 是一个具有法人资格的政府机构。

Art49　WDT 的隶属关系

WDT 隶属于国防部。

Art50　WDT 的职责范围

1. WDT 的职责范围：

(1) 在以下区域对技术设备进行检查，即

(a) 隶属于国防部或受其监管的部门和机构；

(b) 外国驻波兰的军队。

(2) 对技术检查结果进行判定。

(3) 就技术设备的安全使用与其他机构和部门开展合作。

(4) 对运输危险物品的车辆颁发许可证。

2. 国防部可以根据规定明确其管辖的技术设备，包括 Art5 第 2 条和第 3 条所述的设备，这些设备且存在于 Art50 第 1 条所述的区域。

Art51　WDT 主任

1. WDT 的最高领导人是主任，由国防部部长任命和解聘。

2. 主任全面领导 WDT 的工作，对外代表 WDT。

3. WDT 主任需向国防部部长递交 WDT 工作实施的年度报告，递交报告的截止日期为每年的 5 月 31 日。

Art52　WDT 的组成

1. WDT 由以下部门组成：
（1）WDT 总部；
（2）WDT 驻各地的分支机构。
2. WDT 驻各地的分支机构负责人在 UDT 主任的建议下由国防部部长任命和解聘。

Art53　WDT 关于行使职权和组织结构的法规

国防部通过法规制定关于 WDT 的法规，即 WDT 的内部组成、分支机构和授权的法律事务等，从而确保 WDT 有效运转。

Art54　特殊技术检查机构实施的技术检查

1. 根据 Art5 第 1 条的要求，特殊技术检查机构对特殊技术设备的使用、修理和改造进行监管。
2. 国防部制定法规确定具有特定结构、操作方式或预期用途的技术设备，具有一定资格的人员才能使用或者维保这些设备。
3. 相关政府部门通过颁布法规对技术设备的生产、强度计算、工艺、附件、标识、材料和部件，设备修理和改造、测试范围、检验周期和日期、技术检查所需的文件，以及工艺、塑性加工和热处理、无损检测、机器使用和维保的正确性判断做出特定要求。

第 4 章　技术检查机构的财务管理

Art55　UDT 的财务管理

1. UDT 实行独立的财务管理。
2. UDT 的收入来源于：
（1）Art34 第 1 条所述的费用；
（2）其他收入。
3. 包括雇员薪酬在内的 UDT 的开销应从上述收入中扣除。
4. 主管经济的政府部门根据有关规定制定关于 UDT 主任和副主任薪酬的办法。

第 5 章　处　罚

Art56　处罚情形

1. 在以下情况下擅自允许使用技术设备的人员会面临罚款和监禁，即

（1）未经许可而使用技术设备或者对技术设备进行交易；

（2）违反技术检查机构的规定而应中止使用技术设备或召回技术设备。

2. 以下人员同样适用于上述处罚，即未经技术检查机构同意擅自更改技术设备。

Art57　处罚

以下人员会面临罚款，即

（1）阻止或者妨碍 Art14 第 2 条所述的检查行为；

（2）未将设备存在的隐患或者使用过程中发生的事故上报至技术检查机构。

Art58　违法实施程序

违反上述规定应根据《行为守则》关于轻罪案件中规定的程序实施处罚。

附1-3　操作机器及其他技术设备时的最低健康和安全要求

根据《劳动法》Art237 中§2 的要求做出如下规定。

第1章　基本要求

§1　该条例涉及以下术语

1. 机器——应理解为工作时使用的所有机器和其他技术设备、工具和装置,以及高空临时工作的设备,特别是梯子和脚手架。
2. 机器的用途——指在机器上完成的任务,特别是启动或停止,还有使用、运输、维修、改造、维护和运行、清洁。
3. 危险区域——指机器内部和周围的区域,该区域对员工健康或安全存在风险。
4. 暴露的员工——应该理解为处于危险区域的雇员。
5. 操作人员——应该理解为授权使用机器的员工。
6. 无导向负载——指不会沿着刚性导轨或采用其他技术方式在固定轨道上移动的负载。

§2

1. 雇主应采取措施,确保在工作场所或雇主指定的地点向员工提供合适的机器完成工作或适当地使其适应机器完成工作,并且可以在不损害员工安全或健康的情况下使用。
2. 在选择机器时,雇主应考虑到完成任务的具体条件和工作类型,还要考虑到对员工的安全和健康产生的危险,特别是在工作场所,雇主还应考虑与使用机器有关的其他风险。
3. 如果不能在不对员工的安全或健康构成风险的情况下使用机器,雇主应采用适当的措施以最大限度地降低与机器使用相关的风险。

第2章　对机器的使用要求

§3

1. 机器:
(1) 安装、定位和使用需采用以下方式:

（a）尽量减少对员工安全和健康产生风险，特别是在运动部件与位于其环境中的移动或固定部件之间提供足够的空间；

（b）确保安全交付或处置用过的或生产的能源或材料。

（2）在安全的条件下组装或拆卸，特别是要按照制造商的说明。

2. 在使用过程中可能遭受雷击的机器需得到一定的防护，以防雷击。

§4

1. 移动式自行式机器只能由经过安全操作培训的员工操作。

2. 如果机器在工作区域内移动，雇主应制定机器移动的规则并强制执行。

3. 雇主应采取措施，防止员工进入自行式机器工作区域。

4. 如果工作只能在员工在场的情况下进行，雇主应采取适当的措施保护员工免受机器操作造成的伤害。

§5

1. 员工可以使用机械驱动的机器运送，前提是确保其安全。如果在机器移动时继续工作，则根据所执行的工作现状调整机械驱动机器的速度。

2. 只有在有足够的空气来消除对员工安全和健康带来的威胁时，才能在工作场所使用内燃机。

§6

1. 在所有可预见的条件下，结合地面的特性，使用用于提升负载的可移动机器时需确保其在使用期间的稳定性，可移动机器可以被额外地移除或者在其中更换设备。

2. 可以仅通过机器及其设备提升和运送员工，但须符合§3的规定。

3. 在合理的情况下，如果雇主为这些机器的工作设置了操作和监管的详细条件，则可以使用未设计用于提升员工的机器，以确保员工的安全。

4. 当员工位于设计用于提升负载的机器上时，用于控制机器的工作站应由操作人员持续操作。如果发生危险，应确保有疏散员工的可能性。员工应该能够在提升期间与外界进行通信。

5. 除非进行必要的工作，否则员工不应位于悬挂的重物的下方。但是，如有必要，雇主应确保员工的安全，并对悬挂重物采取适当的防护措施。

6. 禁止将重物移动至未受保护的工作场所，这些工作场所通常由员工占用。但是，如果工作不能以其他方式完成，雇主应制定安全工作规则并确保员工遵守这些规则。

§7

1. 用于提升负载的机器和设备的选择需考虑负载大小、吊具的位置、装载的方式和位置、附属设备以及其可以移动的天气条件。

2. 如果在使用后未拆除设计用于提升负载的机器,应标记设备的属性,以便用户了解其特性。

3. 存放用于提升负载的机器须采取措施,防止其被损坏或破坏。

§8

1. 如果两个或多个用于提升无导向负载的机器以在其工作范围半径内重叠的方式安装或定位在工作场所中,则应采取适当措施防止货物或机器相互发生碰撞。

2. 当使用设计用于提升无导向负载的机器时,雇主应采取措施防止负载倾斜、倾覆以及移动,应确保以适当的方式对其进行检查。

3. 如果用于提升无导向负载的机器的操作人员无法直接或使用辅助设备观察负载运行的整个路径,则与操作人员配合的人员应与其保持通信,并采取措施防止重物碰撞,防止对员工带来伤害。

4. 在员工手动固定或移除负载的情况下,特别是操作用于提升无导向负载的机器,应采用安全的方式确保不对员工产生直接或间接的影响。

5. 所有与提升无导向负载的机器有关的活动都应经过适当规划、监管和实施,并保证员工安全。如果由两台或多台用于提升无导向负载的机器同时提升负载,则应建立规范程序以确保这些机器的操作人员之间协同工作。

6. 如果因电源中断而导致用于提升无导向负载的机器无法支撑载重,那么应采取适当措施以确保员工的安全,避免产生风险。

7. 除非防止进入危险区域并且将悬挂的负载牢固固定,否则不得在无人监管的情况下悬挂负载。

8. 如果天气状况恶劣,并危及这些机器的安全运行,给员工带来安全风险,则应暂停使用那些用于在露天场所提升无导向负载的机器。为了避免对员工造成风险,应采取适当的保护措施,特别是要防止机器倾倒。

§8a

1. 如果高空临时作业安全得不到保障,且不满足人体工程学条件,则

(1) 选择合适的工作设备,以确保安全的工作条件;

(2) 相对于个人防护设备,优先考虑采取集中保护措施;

（3）所用设备的参数与当前工作的性质（如可预见的负载）相适应，并确保员工安全移动；

（4）根据作业高度和作业频率的差异以及这些措施的时限，选择最合适的方法安全进入位于一定高度的临时工作场所；

（5）选定的工作设备，包括上述提到的措施，应能在发生危险时疏散员工；

（6）在一定高度的临时工作场所应采取措施使人员安全通往平台、桥梁或人行桥，不得存在造成员工跌倒的额外风险。

2．只有在天气条件不危及员工的安全和健康时才能进行高空临时作业。

3．考虑到对员工安全和健康的风险评估结果，尤其是工作时间，以及在入口使用绳索和设备确定员工在工作时的位置时产生的人体工程学状况，应为员工提供适当的座椅。

4．根据提供安全工作条件的工作设备类型，需采取以下措施：

（1）采取适当措施，最大限度地减少因使用此设备给员工带来的风险；

（2）必要时采取适当的防护措施，以防止在高处作业的员工坠落。

5．上述涉及的措施和解决方案应足够有效，以防止在高处作业的员工坠落或者受伤。

6．使用绳索和设备确定员工在工作期间的位置，只能在风险评估表明可以安全地进行工作并且使用其他更安全的工作设备不合理的条件下使用。

7．防止坠落的集中保护措施只会在梯子或楼梯入口或出口时出现中断。

8．当特定任务的执行需要临时取消集中保护措施以防止坠落时，则

（1）必须采取有效的替代保护措施；

（2）在采取这些措施之前，不得继续作业；

（3）在完成或部分完成任务后，必须立即重新安装防止坠落的集中保护措施。

§8b

1．梯子仅在§8a第2条所述的条件下用作高空作业平台。由于风险低，使用时间较短或雇主不会改变现有状态，因此不建议使用其他更安全的工作设备。

2．梯子：

（1）梯子固定时要确保其在使用过程中的稳定性；

（2）便携式梯子必须设置于稳定、耐用、尺寸合适的固定底座，使梯级保持在水平位置并在使用前固定以防止移位；

（3）悬挂时，必须牢固地钩住梯子，以防止其移动或摆动，绳做成的梯子除外；

（4）当作通道的一部分时梯子需足够长，以便突出于平台上方，除非已使用其他方法来确保将扶手牢固固定；

（5）对于多部分连接或可伸缩的部件，使用时需防止其不同部件移动；

（6）在使用前必须能够安全地固定。

3. 必须以下列方式使用梯子：

（1）在任何时候都确保能够牢固抓住扶手，并具有一定的支撑作用；

（2）特别地，如果要在梯子上手动搬运货物，则不能妨碍员工紧紧抓住扶手。

4. 在使用过程中便携式梯子必须在顶端或底端设置防滑装置或其他具有同等效果的装置以防止其移动。

§8c

1. 对于脚手架，如果没有包含所选脚手架的计算文档，或者该文档不包括所使用的脚手架结构，则应根据其强度和稳定性进行计算，除非脚手架是按照公认的组装标准组装的。

2. （1）根据脚手架的复杂程度，组装、使用和拆除的计划必须由合格人员制订；

（2）上述提到的计划可以采用标准说明的形式，并补充与脚手架有关的专业细节要素。

3. 脚手架的承重元件必须固定在承重面上以防止滑动，或具有防滑装置，或通过等效的其他方式固定，并且承重面必须具有足够的承重能力。

4. 脚手架必须稳定。

5. 在高空作业时采取适当措施保护移动式脚手架以防止意外移位。

6. 如果脚手架组件在使用之前，特别是在组装、拆卸或更换时，必须：

（1）标有符合单独规定的警示标识；

（2）采用适当的方式将其隔开，防止人员进入单独法规规定的危险区域。

7. 只能在单独法规规定的授权人员的管控下组装、拆卸或实质性更换脚手架。

8. 主管和组装、拆卸或更换脚手架的员工需参考上述组装和拆卸计划，以及其中包含的说明书。

§8d

1. 脚手架平台的尺寸、形状和布局必须满足：

（1）适应工作的性质和承受的重量；

（2）确保安全工作和安全通行。

2. 脚手架平台必须以下列方式组装：

（1）其组件在使用过程中不可移动；

（2）平台组件与防止坠落的垂直集中保护措施之间的间隙是安全可靠的。

§8e

1. 使用绳索和设备制成的入口来确定员工的位置必须符合以下条件：

（1）应至少包括两条单独锚定的绳索：

（a）一条作为上升、下降和支撑的方式——工作绳；

（b）另一条作为保险装置——安全绳。

（2）员工必须配备并使用适合的安全带，并将其固定在安全绳上。

（3）工作绳必须满足以下条件：

（a）采取措施保证员工上下安全；

（b）有一个自锁系统，以防止员工失去平衡而坠落。

（4）安全绳必须配备一个防止员工坠落的可移动系统，该系统随着安全绳一起运行。

（5）员工使用的工具和其他配件必须牢固地固定在安全带、座椅或其他合适的装置上。

（6）必须对工作进行合理的规划和监督，一旦发生危险应立即向员工提供救助。

（7）员工应接受适当的培训，特别是在所实施的工作范围内，包括救援程序。

2. 特殊情况下风险评估表明使用第二根绳索会导致工作更危险，可以使用单根绳索，但需采取适当的安全措施。

第3章 对机器的最低要求

§9

1. 标有影响员工安全的标识应该清晰可见。

2. 上述标识应位于危险区域之外，以免操作时造成额外风险。

§10

1. 如果有必要，机器操作人员应该能够从主控制平台的位置检查有没有人在危险区域。如果无法进行检查，安全系统应在启动机器前自动发送声光警示信号。

2. 暴露的员工应该有时间或办法避免因机器启动或停止而造成危险的发生。

§11

应确保机器控制系统安全，选择机器控制系统应考虑可能存在的损坏、缺陷和局限性等情况，这些损坏、缺陷和局限性可在机器的规划使用条件下预测。

§12

1. 应该仅能通过有意触发控制系统来启动机器。

2. 上述要求适用于：

（1）无论机器停止的原因如何,机器停止后应重新启动机器;

（2）如果机器重新启动或其操作参数改变,则在机器运行参数发生显著变化的情况下不会造成危险,特别是改变速度和压力。

3. 如果重新启动或更改机器运行参数是由自动装置的正常工作频率引起的,那么上述第 1 条和第 2 条不适用于重新启动或更改机器运行参数的情况。

§ 13

1. 机器配有控制系统,可使机器安全可靠地停止运行。

2. 每个工作场所都配有一个控制元件,用于根据危险类型使整个机器或其中一些部件停止运行,保证机器安全。

3. 用于制停机器的控制系统应优先于用于启动机器运行的控制系统。

4. 如果机器或其危险部件停止运行,则相应驱动机器的电源将断开。

§ 14

1. 机器造成的危险与制停时间有关,机器应配备紧急停止装置。

2. 机器应配有防止由物质、材料或物体的释放、排放引起危险的装置。

3. 存在物体掉落或甩出风险的机器应配有防护措施,以防这类风险给人员带来伤害。

4. 产生气体、蒸汽、液体或粉尘危险源的机械应配备外壳或抽取装置,并位于危险源附近合适的位置。

§ 15

1. 考虑到员工的安全和健康,机器及其部件应通过合适的卡扣或其他类似装置固定,以确保其稳定性。

2. 如果脱落或解体的机器部件存在危及员工安全和健康的风险,雇主应采取适当的保护措施。

3. 如果直接接触机器可能导致事故发生,则需设置防护罩或必要的防护装置,防止有人进入危险区域或使危险部件停止运行。

4. 防护罩和防护装置须满足以下条件:

（1）应该具有坚固(耐用)的结构;

（2）不应构成威胁;

（3）不应轻易被移除或保持其处于使用状态;

（4）应与危险区域保持适当的距离;

（5）不应限制设备运行的范围;

（6）不影响安装或更换零件，并能开展维护工作，可能的情况下无须拆除防护罩和防护装置，只允许员工在有限的范围内进入工作区域；

（7）仅限制员工进入机器的危险工作区域。

§16

1．工作场所或机器维护的地方应有足够的照明。

2．采取措施对具有高温或极低温度的机器部件进行防护，以避免人员接触或接近它们。

3．机器报警装置应该易于察觉，标识浅显易懂。

4．这些机器仅在预期的过程和条件下使用。

§17

1．机器处于静止状态时可以对其实施维护工作。如果无法做到这一点，则采取适当的保护措施来执行这些工作，或者这些工作在危险区域外进行。

2．如果需要在用机器的维护日志，则该日志应保持更新。

§18

1．对机器需采取以下措施：

（1）设置易于识别的设备用于断开电源，将机器重新连接到电源时不得对员工造成伤害；

（2）设置确保员工安全所必需的警示标志和标记。

2．应采取措施确保员工安全进入生产区域以及用于安装和维护机器的区域。

§19

采取有效措施对机器进行防护，以保护员工免受：

（1）机器使用或存放过程中，火灾、气体过热、气体释放、灰尘、液体和其他物质带来的风险；

（2）机器使用或存放过程中，危险物质带来爆炸的风险；

（3）直接或间接接触电源的危险。

§20

1．应配有运送员工的机器，目的是最大限度地降低驾驶时给员工带来的风险，此设备还应考虑到接触轮子或机器轨道的风险，或被轮子或机器轨道夹住的风险。

2. 如果在移动式机器与其设备或牵引装置之间意外阻碍驱动系统,则会造成危险,应调整或给机器加装其他装置,目的是防止设备阻碍驱动系统。

3. 如果无法避免阻碍驱动系统,则应采取一切可能的措施,以避免危及员工的安全和健康。

§21

1. 如果在运动机器之间传递力的驱动轴可能因沿着地面被拉而受到污染或损坏,则应提供将它们安装在固定位置的装置。

2. 在实际使用条件下结合移动机器的构造方式,其倾翻的风险受到以下因素制约:
(1) 一种防止机器倾斜超过 1/4 圈的保护结构;
(2) 如果机器倾斜超过 1/4 圈,则应为运输员工提供足够的保护空间;
(3) 采取另一种具有相同效果的解决方案。

3. 上述防止机器倾斜超过 1/4 圈的保护结构可能是机器的组成部分,如果机器在运行期间稳定或其结构带有防止机器倾翻的功能,则不需要保护结构。

4. 若在移动的机器上操作的员工存在被本机的运动部件压到地面的危险,则应安装保护员工安全的装置。

§22

对员工所在的叉车,可采取措施降低翻车风险,特别是:
(1) 为驾驶员安装防护罩(驾驶室);
(2) 防倾覆结构;
(3) 翻车时地面和叉车特定部分之间给人员留有足够的自由空间;
(4) 驾驶员位置设置保护员工的结构,防止员工被翻倒的叉车挤压。

§23

自行式机器在投入使用后可能危及员工的安全或健康,该机器需配置:
(1) 一种防止未经授权的人操作机器启动的装置;
(2) 如果多台机器沿着轨道运行,则设置合适的装置最大限度地减少碰撞带来的影响;
(3) 用于制停的装置,该装置配备了紧急制动系统,控制系统应易于操作或自动操作,当操作违反安全规则要求,设备产生故障时,可以使机器停止运行;
(4) 如果驾驶员的视野不能确保足够的安全性,则安装适当的辅助设备以扩大视野;
(5) 适用于所从事工作类型的照明,如果打算在夜间或光线不足的地方使用机器,则需确保员工安全；

（6）合适的消防设备，前提是这些设备不在机器使用地点附近，这一要求适用于因自身操作或由于拖曳运动部件可能危及员工安全并造成火灾危险的机械；

（7）如果远程控制机器不在其控制设备的工作范围内，则会使其立即停止运行；

（8）除非存在控制这种风险的其他设备，否则一种设备可防止远程控制机器使用期间发生碰撞或者撞击风险。

§24

1. 如果起重机械永久性地安装在机器上，则应考虑到提升的重量以及在悬挂处或固定点产生的应力，确保其在使用过程中的强度和稳定性。

2. 起重机械应清楚地标明额定载重量，并在适当的情况下配置一个载重表，其中应包含不同配置下的额定载重量。

3. 起重机械附近应标有一定标记，标记能够显示安全使用所需的参数。

4. 如果设计用于提升货物而不用于提升人员的机器，应有清晰可见的标记，以防止误用。

§25

1. 对于永久安装的起重机械，其安装方式应尽量降低以下风险：

（1）员工被负载压伤；

（2）负载的危险运动或负载的自由下落；

（3）无意释放负载。

2. 用于提升或运送员工的机器应满足以下要求：

（1）确保箱体不会坠落；

（2）保护员工免于摔倒、挤压或撞击，特别是由于意外接触物体而导致的危险；

（3）确保困于箱体内员工的安全，并可以采取措施将他们立即救出。

3. 如果采取一定的防护措施但无法避免箱体发生坠落的风险，则安装安全系数高的承重绳索，且在每个工作日对其进行检查。

第4章 机器检查

§26

1. 如果机器的安全使用取决于安装情况，则雇主应将机器：

（1）安装后和使用之前进行首次检查；

(2) 在另一个工作场所或其他地方安装后进行检查。

2. 上述检查由专门法规规定的部门来实施,或者由雇主委托的具有一定资格的人员来实施。

§27

对于机器暴露在可能导致技术状况变差的危险情况下,雇主应确保:

(1) 定期检验和测试,由专门法规规定的部门来实施,或者由雇主委托的具有一定资格的人员来实施。

(2) 特定检验,由上述部门或者人员来实施。

机器存在安全隐患,是由以下原因引起的:

(a) 改造工作;

(b) 自然现象;

(c) 机器停机时间过长;

(d) 发生危险事件和事故。

§28

1. 上述检验检测记录的内容应保存,并由有关部门处理,尤其是机器工作状态的检验检测内容,从检验检测完毕之日起记录保存时间为 5 年,专门法规另有规定的除外。

2. 如果机器在工作场所外使用,则应在其使用地点能够获得上次检验的凭证。

§29

如果机器的使用、修理、改造或维保会对员工的安全或健康造成威胁,雇主应确保这些行为由经过授权的有资格的员工来完成。

第5章 雇主与员工协作共同确保安全使用机器

§30

1. 雇主应向员工提供信息,包括使用机器的书面说明,以下简称"说明"。

2. 这些说明至少包含有关职业安全和健康的信息:

(1) 机器的使用条件;

(2) 可预测的异常情况;

(3) 机器使用实例。

3. 员工了解这些说明文件。

§31

雇主应告知员工有关机器在工作场所或其周围环境中的危险,以及对其所做的任何改变,这些变化可能影响机器的安全性,即使员工没有直接使用这些机器。

§32

雇主将采取必要的措施,以便雇员满足以下要求:
(1) 使用这些机器的人员经过相关安全使用方面的培训;
(2) 实施修理、改造或维保服务的作业人员经过专业培训。

§33

雇主应在法规规定的范围内与雇员或其代表就职业健康和安全相关问题进行沟通,并使雇员能够参与有关这些事项的讨论。

第6章 过渡性和最终条款

§34

2003年1月1日之前购置的机器应在2006年1月1日之前满足第3章规定的对机器的最低要求。

§35

该规定于2003年1月1日生效。

第三节 波兰电梯标准

一、概述

波兰标准化委员会是欧洲标准化委员会(CEN)的成员之一,是由波兰国家财政拨款运营的国家级标准化组织。波兰于2002年9月12日颁布的《标准化法》(2003年1月1日实施)规定了波兰标准化委员会的工作目标、原则、组织机构和资金来源。

波兰标准化委员会(Polish Committee for Standardization)主要下设技术委员会(Technical Committees)和项目委员会(Project Committees)。技术委员会负责波兰标准的制定和修订,其成员都是来自政府机关、高校、协会、研究院、经济实体等部门的专家。目前技术委员会有319个,涉及机械、矿产、医学等众多行业。其中包括电梯技术委员会、起重机技术委员会、无损检测技术委员会、容器和气瓶技术委员会、阀和管道技术委员会等与技术设备相关的分支技术委员会,他们各自负责制定和修订本行业的标准,且基本采纳欧洲标准化委员会的标准和国际标准化组织(ISO)的标准。项目委员会研究标准的可行性,具体由技术委员会实施。

波兰标准由技术委员会协商一致后通过,并由波兰标准化委员会批准实施。波兰标准带有PN标识,欧洲标准和国际标准还可以转化为波兰标准,转化可不必翻译为波兰语。波兰标准化委员会享有波兰标准的版权,波兰标准的出版和流通需经其许可,波兰标准受《版权法》保护。这些标准带有全息水印,出版发行波兰标准不带全息水印则属于违法行为。

波兰作为欧盟成员国之一,其指令采用欧洲议会和理事会的指令。与电梯相关的指令为2014/33/EU电梯指令。波兰的电梯协调标准有18个,各个协调标准是实施《合格评定体系法》的具体体现。为了实施《合格评定体系法》,波兰标准化委员会制定了一系列协调标准。包括电梯标准在内的所有标准均可以在波兰标准化委员会网站上查询。

波兰电梯技术委员会编号为KT131,成员共11人,分别来自波兰技术检验办公室、波兰电梯制造商协会、波兰交通运输技术检查机构、克拉科夫AGH科学技术大学、Fabryka Urządzeń Dźwigowych Sp. z o.o.等机构,该委员会负责电梯、自动扶梯和自动人行道相关标准的起草和修订。现行有效的标准达到56个,波兰的电梯标准基本采用欧洲的EN标准和ISO标准,其中最重要的电梯标准是PN-EN 81-20:2014-10E《电梯制造与安装安全规范 运载乘客和货物的电梯 第20部分:乘客和客货电梯基本要求》、PN-EN 81-50:2014-10E《电梯制造与安装安全规范 检查和试验 第50部分:电梯部件的设计原则、计算和检验》

和 PN-EN 115-2:2010E《自动扶梯和自动人行道安全规范 第1部分:制造与安装》。PN-EN 81-20:2014-10E 介绍电力驱动电梯和液压电梯的安全与技术要求,PN-EN 81-50:2014-10E 介绍电梯部件的设计原则、计算和检验,PN-EN 115-2:2010E 介绍自动扶梯和自动人行道的安全与技术要求。

2014年6月1日,EN 81-20 和 EN 81-50 由欧洲标准化委员会 CEN/TC 10 颁布实施,其过渡期为3年。2017年6月1日,EN 81-1 和 EN 81-2 作废,欧盟境内新安装的电梯必须符合 EN 81-20、EN 81-50 标准,波兰也是如此。

波兰电梯标准清单见附1-4。

二、内容简介

1. PN-EN 81-20:2014-10E《电梯制造与安装安全规范 运载乘客和货物的电梯 第20部分:乘客和客货电梯》

近几年欧标一直在围绕"安全"这个主题进行更新,增加了上行超速保护、防溜车保护。该标准从增加门板强度、关门保护、平层/再平层精度、轿壁强度、轿厢照明强度、提高轿顶/底坑空间等方面提升了乘客、电梯从业人员的安全性。该标准的变化主要有乘客的安全、从业人员的安全及能耗,使电梯系统更安全、更节能。

(1) 保护乘客安全。

所有层门需进行摆锤冲击试验,并对门施加持续增加的力的试验,这主要是为了防止门变形。同时,门的导向组件应配置保持装置,以防止该导向组件失效时门产生移位。

层门关闭时,乘客可能会由于失去平衡而摔倒。在层门关闭过程中,当乘客通过入口时可能会被门扇撞击或将被撞击,因此还应采取措施防止门关闭时撞击乘客,用一个保护装置自动地使门重新开启。该标准还要求光幕有自我诊断功能,显然这是借鉴了安全光幕的设计。在判断光幕失效后,电梯门机会切换到轻推(Nudge)模式,以不大于4 J 的动能关门,从而减少人员受伤的概率。新的欧标也会彻底淘汰安全触板,这是一种传统的门保护装置。因为安全触板是一种开环的门保护产品,无法实现"故障安全"(Fail-Safe),电梯系统也无法判断安全触板是否失效,因此仍有夹伤人的风险。

新版标准中还明确了门保护的范围、分辨率和失效保护。所谓分辨率,就是光幕探测的盲区。新版欧标要求在门的整个闭合过程中,门保护产品的分辨率在50 mm 以上,也就是说任何大于50 mm 的遮挡物都会被识别,从而实现重开门,避免夹人。这在某种程度上可以纠正长久以来客户以多少束光线来判断光幕产品好坏的错误做法。为了迎合这些客户,某些公司甚至推出了一种产品,和其他公司发射、接收对称的设计相比,该产品有32个发射信号,却只有4个接收信号。由于接收头很贵,占光幕的很大一部分成本,因此这家公司通过减少接收头数量来保持低成本,虽然实现了128个光束,但该产品只是在门区中部实现高密度的 128 个光束,在整个关门过程中盲区仍然较大。新版欧标的实施彻底将这些产品逐出了市场,从而保证光幕的安全使用。

(2) 保护从业人员安全。

考虑到轿顶和底坑可能会有多名工人,每个人必须保证拥有足够的庇护空间,因此轿顶和底坑需要的庇护空间较前一版电梯标准更大。轿顶和底坑设置该空间允许进入的人数的标识。

底坑还应设置控制电梯运行的检修盒,维保人员在底坑可以使用该装置使电梯上下运行,这样能防止有人在底坑外操作电梯运行时产生一定的安全隐患。

该标准的另一个重大变化是轿门门锁和层门门锁增加"短接操作"功能。电梯发生故障的原因大多是由于门锁故障。从业人员为了查找这些故障的原因需短接部分门锁触点,事后可能会忘记把短接装置移走,就会导致电梯正常运行而门触点被短接的风险,这是极大的安全隐患。"短接操作"功能可以有效避免这个隐患。

(3) 能耗。

根据电梯安装单位提供的方案,楼宇设计师选择最优方案设计电梯井道的排风系统,这对高耗能的楼宇无疑起到降低能耗的作用。

2. PN-EN 81-50:2014-10E《电梯制造与安装安全规范 检查和试验 第 50 部分:电梯部件的设计原则、计算和检验》

本标准规定了电梯部件的设计原则、计算、检查和试验。而用于乘客电梯、客货电梯、仅载货电梯和其他类型电梯的设计标准采用这些部件,这些部件涉及层门、门锁、限速器、安全钳、缓冲器、包含电子元件的安全电路或可编程电子系统、轿厢上行超速保护装置、轿厢意外移动保护装置等。

附 1-4　波兰电梯标准清单

电梯、自动扶梯和自动人行道现行标准

标准号	标准名称	发布日期
PN-EN 81-20：2014-10E	Safety rules for the construction and installation of lifts—Lifts for the transport of persons and goods—Part 20：Passenger and goods passenger lifts 引入：EN 81-20：2014 电梯制造与安装安全规范——运送乘客和货物的电梯——第 20 部分：乘客和客货电梯基本要求 引入：EN 81-20：2014	2014-10-10
PN-EN 81-50：2014-10E	Safety rules for the construction and installation of lifts—Examinations and tests—Part 50：Design rules, calculations, examinations and tests of lift components 引入：EN 81-50：2014 电梯制造与安装安全规范——检验——第 50 部分：电梯部件的设计原则、计算和检验 引入：EN 81-20：2014	2014-10-10
PN-EN 115-1 + A1：2010E	Safety of escalators and moving walks—Part 1：Construction and installation 引入：EN 115-1：2008 + A1：2010 自动扶梯和自动人行道安全规范——第 1 部分：制造与安装 引入：EN 81-20：2014	2010-05-20
PN-ISO 7465：2000P	Passenger lifts and service lifts—Guide rails for lifts and counterweights—T-type 引入：ISO 7465：1997 乘客电梯和杂物电梯——轿厢和对重导轨—— T 型 引入：ISO 7465：1997	2000-05-01
PN-EN 81-43：2009E	Safety rules for the construction and installation of lifts—Special lifts for the transport of persons and goods—Part 43：Lifts for cranes 引入：EN 81-43：2009 电梯制造与安装安全规范——运送乘客和货物用特殊电梯——第 43 部分：起重机用电梯 引入：EN 81-43：2009	2009-08-28

续表

标准号	标准名称	发布日期
PN-EN 81-3 + A1:2008/AC:2009E	Safety rules for the construction and installation of lifts—Part 3: Electric and hydraulic service lifts 引入：EN 81-3:2000 + A1:2008/AC:2009 电梯制造与安装安全规范——第 3 部分：电力和液压杂物电梯 引入：EN 81-3:2000 + A1:2008/AC:2009	2009-10-29
PN-EN 115-2:2010E	Safety of escalators and moving walks—Part 2: Rules for the improvement of safety of existing escalators and moving walks 引入：EN 115-2:2010 自动扶梯和自动人行道安全规范——第 2 部分：提高在用自动扶梯和自动人行道的安全性的规范 引入：EN 115-2:2010	2010-12-06
PN-EN ISO 25745-2:2015-06E	Energy performance of lifts, escalators and moving walks—Part 2: Energy calculation and classification for lifts (elevators) (ISO 25745-2:2015) 引入：EN ISO 25745-2:2015；ISO 25745-2:2015 电梯、自动扶梯和自动人行道能效——第 2 部分：电梯能量计算和分类 引入：EN ISO 25745-2:2015；ISO 25745-2:2015	2015-06-10
PN-EN 81-72:2015-06E	Safety rules for the construction and installation of lifts—Particular applications for passenger and goods passenger lifts—Part 72: Firefighters lifts 引入：EN 81-72:2015 电梯制造与安装安全规范——乘客和客货电梯特殊应用——第 72 部分：消防电梯 引入：EN 81-72:2015	2015-06-22
PN-EN ISO 25745-3:2015-06E	Energy performance of lifts, escalators and moving walks—Part 3: Energy calculation and classification of escalators and moving walks (ISO 25745-3:2015) 引入：EN ISO 25745-3:2015；ISO 25745-3:2015 电梯、自动扶梯和自动人行道能效——第 3 部分：自动扶梯和自动人行道能量计算和分类 引入：EN ISO 25745-3:2015；ISO 25745-3:2015	2015-06-10
PN-EN 81-22:2014-06E	Safety rules for the construction and installation of lifts—Lifts for the transport of persons and goods—Part 22: Electric lifts with inclined path 引入：EN 81-22:2014 电梯制造与安装安全规范——运送乘客和货物用电梯——第 22 部分：沿倾斜路径运行的电力驱动电梯 引入：EN 81-22:2014	2014-10-01
PN-M-45015:1989P	Safety code—Electric lifts—Calculations of chains, ropes and pulleys 代替：PN-M-45015:1981P 安全规范——电力——驱动电梯——链条、钢丝绳和滑轮的计算	1989-05-26

续表

标准号	标准名称	发布日期
PN-M-45043：1997P	Lifts—Classification ICS：91.140.90 电梯——分类	1997-04-25
PN-EN 1756-2 + A1：2009E	Tail lifts—Platform lifts for mounting on wheeled vehicles—Safety requirements—Part 2：Tail lifts for passengers 引入：EN 1756-2：2004 + A1：2009 代替：PN-EN 1756-2：2006P 尾部升降机——安装于轮式车辆的平台升降机——安全要求——第2部分：载人用尾部升降机 引入：EN 1756-2：2004 + A1：2009 代替：PN-EN 1756-2：2006P	2009-10-29
PN-EN 14010 + A1：2009E	Safety of machinery—Equipment for power driven parking of motor vehicles—Safety and EMC requirements for design, manufacturing, erection and commissioning stages 引入：EN 14010：2003 + A1：2009 代替：PN-EN 14010：2004E 机械安全性——汽车用动力驱动制动设备——设计、制造、安装和交付使用阶段的安全性和电磁兼容性要求 引入：EN 14010：2003 + A1：2009 代替：PN-EN 14010：2004E	2009-10-29
PN-ISO 4190-3：1998P	Passenger lift installations—Part 3：Service lifts class V 引入：ISO 4190-3：1982 代替：PN-M-45362：1987P 乘客电梯安装——第3部分：V类杂物电梯 引入：ISO 4190-3：1982 代替：PN-M-45362：1987P	1998-08-11
PN-ISO 4190-5：1995P	Lifts and service lifts (USA：Elevators and dumbwaiters)—Part 5：Control devices, signals and additional fittings 引入：ISO 4190-5：1987 代替：PN-M-45012：1981P 电梯安装——第5部分：控制装置、信号和附件 引入：ISO 4190-5：1987 代替：PN-M-45012：1981P	1995-12-29
PN-EN 627：1998P	Specification for data logging and monitoring of lifts, escalators and passenger conveyors 引入：EN 627：1995 电梯、自动扶梯和自动人行道数据记录和监控说明 引入：EN 627：1995	1998-08-11

续表

标准号	标准名称	发布日期
PN-ISO 4190-6:1997P	Lifts and service lifts (USA: Elevators and dumbwaiters)—Part 6: Passenger lifts to be installed in residential buildings—Planning and selection 引入：ISO 4190-6:1984 电梯和服务电梯(美国：电梯和杂物升降机)——第 6 部分：住宅电梯的配置和选择 引入：ISO 4190-6:1984	1997-04-25
PN-ISO 9589:1999P	Escalators—Building dimensions 引入：ISO 9589:1994 自动扶梯——建筑尺寸 引入：ISO 9589:1994	1999-03-12
PN-EN 12158-1+A1:2010E	Builders' hoists for goods—Part 1: Hoists with accessible platforms 引入：EN 12158-1:2000 + A1:2010 代替：PN-EN 12158-1:2002P 货用施工升降机——第 1 部分：运载装置可进人的升降机 引入：EN 12158-1:2000 + A1:2010 代替：PN-EN 12158-1:2002P	2010-12-06
PN-EN ISO 14798:2013-06E	Lifts (elevators), escalators and moving walks—Risk assessment and reduction methodology (ISO 14798:2009) 引入：EN ISO 14798:2013；ISO 14798:2009 电梯、自动扶梯和自动人行道——风险评价和降低的方法 引入：EN ISO 14798:2013；ISO 14798:2009	2013-06-11
PN-EN 81-77:2014-02E	Safety rules for the construction and installations of lifts—Particular applications for passenger and goods passenger lifts—Part 77: Lifts subject to seismic conditions 引入：EN 81-77:2013 电梯制造与安装安全规范——乘客电梯和客货电梯的特殊应用——第 77 部分——地震条件下的电梯 引入：EN 81-77:2013	2014-02-21
PN-EN 81-82:2013-12E	Safety rules for the construction and installation of lifts—Existing lifts—Part 82: Rules for the improvement of the accessibility of existing lifts for persons including persons with disability 引入：EN 81-82:2013 电梯制造与安装安全规范——在用电梯——第 82 部分——改进适用于残障人员的在用电梯附加要求 引入：EN 81-82:2013	2013-12-11
PN-EN 12016:2013-12E	Electromagnetic compatibility—Product family standard for lifts, escalators and moving walks—Immunity 引入：EN 12016:2013 代替：PN-EN 12016 + A1:2008E 电磁兼容性——用于电梯、自动扶梯和自动人行道的产品系列标准——抗干扰性 引入：EN 12016:2013 代替：PN-EN 12016 + A1:2008E	2013-12-04

续表

标准号	标准名称	发布日期
PN-EN 12015：2014-05E	Electromagnetic compatibility—Product family standard for lifts, escalators and moving walks—Emission 引入：EN 12015：2014 代替：PN-EN 12015：2006P 电磁兼容性——用于电梯、自动扶梯和自动人行道的产品系列标准——辐射 引入：EN 12015：2014 代替：PN-EN 12015：2006P	2014-05-20
PN-EN 81-21+A1：2013-02E	Safety rules for the construction and installation of lifts—Lifts for the transport of persons and goods—Part 21: New passenger and goods passenger lifts in existing buildings 引入：EN 81-21：2009+A1：2012 代替：PN-EN 81-21：2010P 电梯制造与安装安全规范——运送乘客和货物的电梯——第21部分：在用乘客和客货电梯 引入：EN 81-21：2009+A1：2012 代替：PN-EN 81-21：2010P	2013-02-28
PN-EN 81-58：2005P	Safety rules for the construction and installation of lifts—Examination and tests—Part 58: Landing doors fire resistance test 引入：EN 81-58：2003 代替：PN-EN 81-58：2004E 电梯制造与安装安全规范——检查和试验——第58部分：电梯耐火层门试验 引入：EN 81-58：2003 代替：PN-EN 81-58：2004E	2005-10-20
PN-EN 81-70：2005P	Safety rules for the construction and installations of lifts—Particular applications for passenger and good passengers lifts—Part 70: Accessibility to lifts for persons including persons with disability 引入：EN 81-70：2003 代替：PN-EN 81-70：2004E 电梯制造与安装安全规范——乘客和客货电梯的特殊应用——第70部分：适用于残障人员的在用电梯附加要求 引入：EN 81-70：2003 代替：PN-EN 81-70：2004E	2005-01-11
PN-EN 81-28：2004P	Safety rules for the construction and installation of lifts—Lifts for the transport of persons and goods—Part28: Remote alarm on passenger and goods passenger lifts 引入：EN 81-28：2003 代替：PN-EN 81-28：2004E 电梯制造与安装安全规范——运送乘客和货物的电梯——第28部分：乘客电梯和客货电梯的远程报警系统 引入：EN 81-28：2003 代替：PN-EN 81-28：2004E	2004-11-23

续表

标准号	标准名称	发布日期
PN-EN 81-80:2005P	Safety rules for the construction and installation of lifts—Existing lifts—Part 80: Rules for the improvement of safety of existing passenger and goods passenger lifts 引入：EN 81-80:2003 代替：PN-EN 81-80:2004E 电梯制造与安装安全规范——在用电梯——第80部分：提高在用电梯安全性的规范 引入：EN 81-80:2003 代替：PN-EN 81-80:2004E	2005-11-16
PN-EN 81-40:2008E	Safety rules for the construction and installation of lifts—Special lifts for the transport of persons and goods—Part 40: Stairlifts and inclined lifting platforms intended for persons with impaired mobility 引入：EN 81-40:2008 代替：PN-ISO 9386-2:2004P 电梯制造与安装安全规范——载客和载货用特殊电梯——第40部分：供残障人员使用的楼道升降机 引入：EN 81-40:2008 代替：PN-ISO 9386-2:2004P	2008-12-15
PN-EN 81-41:2011E	Safety rules for the construction and installation of lifts—Special lifts for the transport of persons and goods—Part 41: Vertical lifting platforms intended for use by persons with impaired mobility 引入：EN 81-41:2010 代替：PN-ISO 9386-1:2004P 电梯制造与安装安全规范——载客和载货用特殊电梯——第41部分：供残障人员使用的垂直升降平台 引入：EN 81-41:2010 代替：PN-ISO 9386-1:2004P	2011-02-11
PKN-CEN/TS 81-29:2006P	Safety rules for the construction and installation of lifts—Lifts for the transport of persons and goods—Part 29: Interpretations related to EN 81-20 up to EN 81-28（includes EN 81-1:1998 and EN 81-2:1998） 引入：CEN/TS 81-29:2004 电梯制造与安装安全规范——载客和载货用电梯——第29部分：EN 81-20至EN 81-28的解释条款（包括EN 81-1:1998和EN 81-2:1998） 引入：CEN/TS 81-29:2004	2006-09-15
PN-EN 81-70:2005/A1:2006P	Safety rules for the construction and installations of lifts—Particular applications for passenger and good passengers lifts—Part 70: Accessibility to lifts for persons including persons with disability 引入：EN 81-70:2003/A1:2004 电梯制造与安装安全规范——乘客和客货电梯的特殊应用——第70部分：适用于残障人员的在用电梯附加要求 引入：EN 81-70:2003/A1:2004	2006-01-23

续表

标准号	标准名称	发布日期
PN-EN 81-73：2006P	Safety rules for the construction and installation of lifts—Particular applications for passenger and goods passenger lifts—Part 73：Behaviour of lifts in the event of fire 引入：EN 81-73：2005 代替：PN-EN 81-73：2005E 电梯制造与安装安全规范——乘客电梯和客货电梯的特殊应用——第73部分：火灾情况下的电梯特性 引入：EN 81-73：2005 代替：PN-EN 81-73：2005E	2006-12-19
PN-EN 81-71 + A1：2007P	Safety rules for the construction and installation of lifts—Particular applications to passenger lifts and goods passenger lifts—Part 71：Vandal resistant lifts 引入：EN 81-71：2005 + A1：2006 代替：PN-EN 81-71：2005E 电梯制造与安装安全规范——乘客电梯和客货电梯的特殊应用——第71部分：抗故意破坏的电梯 引入：EN 81-71：2005 + A1：2006 代替：PN-EN 81-71：2005E	2007-04-03
PN-EN 1495 + A2：2009E	Lifting platforms—Mast climbing work platforms 引入：EN 1495：1997 + A2：2009 代替：PN-EN 1495：1999P；PN-EN 1495：1999/A1：2005P 提升平台——桅杆攀爬工作平台 引入：EN 1495：1997 + A2：2009 代替：PN-EN 1495：1999P；PN-EN 1495：1999/A1：2005P	2009-06-01
PN-EN 1398：2009	Dock levellers—Safety requirements 引入：EN 1398：2009 代替：PN-EN 1398：2000P 装卸桥的安全要求 引入：EN 1398：2009 代替：PN-EN 1398：2000P	2009-04-06
PN-EN 81-31：2010E	Safety rules for the construction and installation of lifts—Lifts for the transport of goods only—Part 31：Accessible goods only lifts 引入：EN 81-31：2010 电梯制造与安装安全规范——仅用于载货的电梯——第31部分：仅载货电梯 引入：EN 81-31：2010	2010-06-09
PN-EN ISO 25745-1：2013-03E	Energy performance of lifts, escalators and moving walks—Part 1：Energy measurement and verification（ISO 25745-1：2012） 引入：EN ISO 25745-1：2012；ISO 25745-1：2012 电梯、自动扶梯和自动人行道的能效——第1部分：能量测量和验证 引入：EN ISO 25745-1：2012；ISO 25745-1：2012	2013-03-31

续表

标准号	标准名称	发布日期
PN-EN 81-3 + A1:2008E	Safety rules for the construction and installation of lifts—Part 3: Electric and hydraulic service lifts 引入：EN 81-3:2000 + A1:2008 代替：PN-EN 81-3:2002P 电梯制造与安装安全规范——第3部分：电力和液压杂物电梯 引入：EN 81-3:2000 + A1:2008 代替：PN-EN 81-3:2002P	2008-09-30
PN-EN 13015 + A1:2008E	Maintenance for lifts and escalators—Rules for maintenance instructions 引入：EN 13015:2001 + A1:2008 代替：PN-EN 13015:2003P 电梯和自动扶梯的维护——维护指导规则 引入：EN 13015:2001 + A1:2008 代替：PN-EN 13015:2003P	2008-09-30
PN-M-45040: 1997P	Lifts—Electric lifts—Terminology 代替：PN-M-45040:1989P 电梯——电力驱动电梯——术语 代替：PN-M-45040:1989P	1997-04-25

第二章
波兰电梯的监管和合格评定

第一节　波兰电梯检验检测机构

波兰技术设备的主管部门是企业与技术部,技术检验办公室隶属于企业与技术部。波兰本土的电梯检验机构有三家,分别是波兰技术检验办公室、波兰交通运输技术检查机构和波兰军事技术检查机构,分别隶属于波兰企业与技术部、波兰交通部和波兰国防部。技术检验办公室从事波兰境内普通场所技术设备的检验工作,后两家检验机构仅承担波兰交通和军事领域的检验工作。波兰交通运输技术检查机构负责机场、公路、铁路、道路、码头等场所及船用技术设备的检验,作为欧洲委员会公布的公告机构之一,其公告机构代码为1468。

图 2-1　波兰技术检验办公室技术设备检验资质证书

上述三家单位作为技术设备检验机构,其资质均由波兰认可中心认可。波兰技术检验办公室作为检验检测机构,其资质证书见图2-1。波兰技术检验办公室的使命是确保人民、财产和环境的安全,通过专业、高效、对社会负责的态度采取措施,预防和消除包括电梯在内的技术设备运行产生的风险,通过现代、有效和公正的研究与评估,提高波兰技术设备安全水平。由于波兰境内绝大部分的电梯合格评定、电梯从业人员资格认证等由波兰技术检验办公室来实施,因此以下关于电梯合格评定、电梯从业人员资格认证等内容均介绍由波兰技术检验办公室实施的行政许可。

波兰技术检验办公室还是 IQNet(国际认证联盟)的成员,其资质证书见图2-2。它是集检验检测、计量认证、人员资格认证、产品认证和质量管理体系认证等于一身,且由波兰认可中心(Polish Center for Accreditation,简称 PCA)认可。IQNet 成立于1990年,总部设在瑞士,1998年正式更名为国际认证联盟,目前是世界上最大的认证机构联盟。自成立以来,IQNet 致力于通过提供增值、创新的服务满足客户需求;通过统一的管理系统,在全世界范围内为跨国集团客户提供评审和认证服务;推动和支持其成员机构实行质量管理,对各个成员机构颁发的证书在所有成员范围内予以承认。

图 2-2　国际认证联盟授予波兰技术检验办公室的 IQNet 证书

2018年1月24日,波兰企业与技术部发布并实施《技术办公室条例》,其中规定总部位于华沙的技术检验办公室将原有29家分支机构精简成10家分支机构。另外,总部还下设包括技术检验中心实验室(Central Laboratory of Technical Inspection)在内的共12个内设部门(表2-1)和1家学院。10家分支机构(表2-2)遍布整个波兰,分别设在华沙、格但斯克、罗兹、克拉科夫、卢布林、波兹南、弗罗茨瓦夫、什切青、卡托维兹和比得哥煦等10个较大城市,总员工达1 500名,其中专业技术人员超过1 000人。实验室位于波兹南,包括压力实验室、提升设备实验室、材料试验实验室和电气测试实验室。申请检验时,使用单位可以就近选择所辖区域的分支机构进行检验,即使国外检验机构对波兰境内的电梯已进行检验,且检验结论合格,使用单位也要就近联系所述辖区的技术检验办公室或其分支机构。

表2-1 波兰技术检验办公室内设部门一览表

内设部门	职　责
技术部	1. 在实施技术检查的范围内监督 UDT 内设部门及分支机构的行为; 2. 验证技术检查的形式和方法以及进行测试的范围; 3. 对技术设备事故及危险源和技术装置危险损害进行调查研究,不断监测和采取措施防止危害发生,并分析得出结论; 4. 与其他国家和地方政府主管部门、科研及其他机构开展技术设备安全方面的合作; 5. 旨在提高技术设备制造商资质、修理、改造和维保资质方面的管理水平; 6. 技术设备的咨询工作; 7. 分析波兰、欧洲和国际标准项目并给出意见,参与起草 UDT 所涉领域的规范和法规。
认证和合格评定部	1. 协调、监管合格评定、产品认证、人员资格认证、管理体系认证和技术专长认定; 2. 监管分支机构参与的合格评定、产品认证、人员资格认证、管理体系认证和技术专长认定; 3. 组织实施公告机构的职责; 4. 与政府及政府机构、国外相关机构在合格评定、产品认证、人员资格认证、管理体系认证和技术专长方面开展合作; 5. 在合格评定、产品认证、人员资格认证、管理体系认证和技术专长方面开展国际合作; 6. 审议和分析合格评定、产品认证、人员资格认证、管理体系认证和技术专长方面的国家、欧洲和国际标准与技术文件。
创新发展部	1. 在 UDT 新领域开展研究和分析; 2. 组织实施过程安全、基于风险的检验、自动控制和材料分析方面的工作; 3. 对新提出的项目进行分析研究; 4. 参与起草影响技术设备安全运行的法规; 5. 组织企业、使用单位、政府等机构参加会议、展览和研讨会,普及技术设备的安全运行规范; 6. 在技术设备安全运行相关领域开展国际合作; 7. 在技术设备安全方面参与国际合作; 8. 组织开展风险分析和评估领域的技术研究,负责与可靠性系统分析有关的工作。

续表

内设部门	职　责
技术检验中心实验室	1. 技术设备的测试、诊断和试验； 2. 事故的技术鉴定； 3. 参与制定并提出技术检查的技术条件,制定技术设备安全运行的技术规范,以及实验室安全操作的规则和条件； 4. 负责实施 UDT 指定的任务； 5. 与科研机构合作研究诊断方法和技术,并与其他机构合作实施； 6. 开展合格评定和认证等活动。
行政和基础设施部	1. 技术设施管理； 2. 协调保险事宜； 3. UDT 财产管理。
计算机科学部	与技术设备相关的 IT 技术开发研究
财务部	1. 财务预算和财务管理； 2. 开具相关发票。
人事部	1. 组织实施员工的招聘； 2. 对 UDT 员工的行为进行监督、培训。
法规事务部	1. 内部事务的管理； 2. UDT 事务的监管和改进； 3. 按照《行政程序法》实施监管,审查投诉和抱怨； 4. UDT 风险管理； 5. UDT 对外宣传； 6. 开展国际合作； 7. 监管和改进环境管理系统； 8. 与其他机构致力于技术安全的合作。
信息安全部	确保遵守 UDT 关于保护机密信息的规定。
健康与安全及消防队	1. 监管职业健康与安全以及消防活动； 2. 评估并控制职业健康与安全和消防领域的活动； 3. 在内部系统中就职业健康和安全领域与其他部门开展合作。
内部管理和审查部	1. 年度审计方案的组织实施； 2. 对 UDT 的良好运行提出意见和建议； 3. 起草审计报告。

表 2-2 波兰技术检验办公室下设的分支机构一览表

分支机构办公地点	分支机构下设办公地点
比得哥煦 Bydgoszcz	普沃茨克 Płock
	托伦 Torun
	弗沃茨瓦韦克 Włocławek
格但斯克 Gdańsk	奥尔什丁 Olsztyn
卡托维兹 Katowice	别尔斯科-比亚瓦 Bielsko-Biała
	琴斯托霍瓦 Częstochowa
	东布罗瓦古尔尼恰 Dąbrowa Górnicza
	格利维采 Gliwice
克拉科夫 Krakow	凯尔采 Kielce
	塔尔努夫 Tarnów
卢布林 Lublin	普瓦维 Puławy
	热舒夫 Rzeszów
罗兹 Łódź	奥斯特鲁夫 Ostrów Wielkopolski
	彼得库夫特雷布纳尔斯基 Piotrków Trybunalski
	拉多姆 Radom
波兹南 Poznań	乔左维尔考普尔斯基 Gorzów Wielkopolski
	绿山城 Zielona Góra
什切青 Szczecin	科沙林 Koszalin
华沙 Warsaw	比亚韦斯托克 Bialystok
	谢德尔采 Siedlce
弗罗茨瓦夫 Wrocław	奥普尔 Opole
	瓦乌布日赫 Wałbrzych

第二节 波兰电梯产品认证

认证是指第三方机构对具体目标、过程和服务进行检查与书面确认。第三方机构是指独立于第一方(供应商、制造商或承包商)和第二方(顾客或客户)的组织机构。

波兰技术检验办公室下属的 UDT-CERT(图 2-3)是按照欧洲标准运作的认证机构,具有波兰认可中心认可的质量管理体系认证资质、产品认证资质、CE 认证资质等。波兰技术检验办公室的产品认证资质编号为 AC 100,产品合格评定依据 PN-EN ISO/IEC 17067:2014-01《合格评定产品认证基础和产品认证方案指南》的要求。波兰技术检验办公室颁发的各类证书已达到 165 000 张,其颁发的各类人员资格证在欧盟各个国家得到广泛认可。客户可以提出产品需符合的标准和技术规定,波兰技术检验办公室可根据客户需求对产品进行认证。该机构参与各式各样的组织活动,人员具备很高的职业素养和技能,优质的服务使其成为在波兰乃至国际上享有较高声誉的认证机构。

图 2-3　UDT-CERT 认证机构的标识

符合波兰标准的产品合格评定(包括服务合格评定和管理体系认证)有两种途径:

(1)波兰标准委员会。

针对波兰标准体系的产品认证,任何组织机构(制造商、代理商、进口商、分包商等)都可以向波兰标准委员会申请产品认证,由该委员会认定其是否符合波兰的相关标准。

(2)波兰认可中心认可的产品认证机构。

该产品认证机构仅在核准的认证范围内从事产品认证工作。

由波兰认可中心授予波兰技术检验办公室的产品认证资质证书如图 2-4 所示。产品经波兰技术检验办公室认可后张贴的标识如图 2-5 所示。

图 2-4　UDT 的产品认证资质证书

图 2-5　UDT 颁发给制造单位的产品认证标识

波兰技术检验办公室根据以下认证程序对产品进行认证。
（1）相关组织机构询问和递交技术文件；
（2）认证单位检查技术文件、产品测试、验证产品生产的技术条件和质量控制情况；
（3）判定、颁发许可证；
（4）对颁发的许可证进行监督和抽查。

UDT-CERT 颁发的产品认证证书具有以下优势：
（1）增强顾客在产品安全方面的信心；
（2）增强产品在国内外的竞争力；
（3）有权在产品上张贴 UDT-CERT 产品认证标识；
（4）在合格评定方面确认产品符合指令的基本要求。

如果制造资质在欧盟成员国、瑞士联邦或欧洲自由贸易联盟的成员国内获得认可,制造商还需向波兰技术检验办公室申请,并对其资质进行认可。

  波兰从 2003 年开始采用《欧盟货物质量与安全标准》,制造商要对其产品缺陷承担法律和经济责任。波兰于 2003 年初通过了《商品质量安全标准》,如果消费者或用户发现某种产品存在缺陷,则该产品制造商将受到经济处罚和法律制裁。根据波兰的规定,凡可能威胁生命、健康和环境的国产及进口产品应申报安全检验。检验认证工作由波兰认可中心及其授权的机构实施。若产品没有张贴安全标识或不符合技术安全要求就进入波兰市场销售,则该产品的销售收入将收缴国库,并处以销售收入一倍的罚款。

  无论是欧盟内部产品还是其他国家的电梯产品,想要在欧盟市场内流通,都必须进行电梯 CE 认证。CE 认证标识表示电梯和安全组件符合指令的基本健康与安全要求,并且已经过适当的合格评定程序。

第三节　制造、修理或改造资质申请

根据《技术检查法》的规定,与制造、修理或改造技术设备的部件一样,制造单位、修理单位和改造单位对技术设备进行制造、修理或改造的资质需获得波兰技术检验办公室的行政许可,有特殊规定的除外。

技术设备制造资质的授权不适用于以下技术设备,即

(1)已经在欧盟其他成员国或土耳其共和国依法生产或投入商业运输的技术设备;

(2)根据欧洲自由贸易联盟(EFTA)成员国的法律规定生产的技术设备,该联盟是《欧洲经济区协定》的签约方。

在收到制造单位制造技术设备或者用于制造技术设备的材料和部件的申请书后,波兰技术检验办公室对制造、修理或改造进行评审,评审合格后向其颁发相应的许可证书,具体的评审条件如下:

(1)具备适当的制造、修理或改造技术;

(2)拥有相应的技术实施制造、修理或改造行为;

(3)雇用具备相应资格证书的员工;

(4)有组织的质量检验服务;

(5)可以在自己的实验室或波兰技术检验办公室认可的实验室中对制造、修理或改造的设备进行无损检测和有损检测。

技术设备及其材料和部件的制造单位管理人员,制造、安装、改造和修理单位的管理人员需满足以下条件:

(1)接受过高等技术教育且至少有两年工作经验,或接受过中等技术教育且至少有五年工作经验;

(2)熟知检验方面的法规、标准以及技术工艺。

申请制造、修理或改造技术设备的资质以及用于制造、修理或改造技术设备的部件制造资质须注意以下事项:

(1)波兰技术检验办公室向申请单位递交一份申请书。

(2)波兰技术检验办公室收到来自申请单位的申请表,同时还要收取一定费用,并与申请单位约定评审时间,即可表明启动行政许可程序。

(3)根据经济部2010年11月26日《关于波兰技术检验办公室技术检查费用金额的规定》,波兰技术检验办公室委员会收取以下费用:

① 资质证书费用,该费用取决于在授权范围内从事压力、提升设备生产、修理、改造工作的人员总数;

② UDT 委员会的工作费用;

③ 签证费(如果需要签证);

④ 定期检查是否符合授权条件的费用,该费用取决于在授权范围内从事压力、提升设备制造、修理、改造的人员总数。

(4) 申请单位承担波兰技术检验办公室的差旅和住宿费用。

(5) 技术设备制造单位、修理单位和改造单位的资质评审程序包括对工厂进行审查,并根据事先商定的测试程序检查制造、修理或改造的技术设备的质量。

(6) 评审由波兰技术检验办公室委员会(通常为2人)实施,评审的持续时间取决于许可范围(通常最多5个工作日)。

(7) 在评审过程中,波兰技术检验办公室委员会主要检查以下内容:

① 申请许可的范围是否正确(设备或部件的种类和型号);

② 生产技术能力,包括材料的准备、焊接、热处理、塑性加工等;

③ 焊接工艺规程;

④ 焊接人员的资格证书,以及热处理、塑性加工人员的资格证书和能力;

⑤ 质量检查人员的资格证书和能力;

⑥ 物资库存管理;

⑦ 用于制造、修理或改造的机器和设备;

⑧ 生产过程中检验和测试范围与类型;

⑨ 设备的随机文件;

⑩ 实验室的设备和能力范围;

⑪ 技术设备的技术文件。

波兰技术检验办公室委员会可以要求对生产中或库存中的技术设备或部件进行补充验证或测试,评审人员可在生产车间和仓库中抽取技术设备或部件材料进行验证,由波兰技术检验办公室委员会见证上述补充验证和测试。在评审过程中,波兰技术检验办公室委员会与制造单位、修理单位或改造单位的代表讨论有关属于预期授权范围内的技术设备和部件的规范要求。在审核结束时,波兰技术检验办公室委员会将评审结果告知申请单位的代表。如果审核的结果令人满意,波兰技术检验办公室委员会将与制造单位、修理单位或改造单位的代表讨论授权草案,并撰写最终报告。在评审完成后的两周内,波兰技术检验办公室寄送授权活动相关的发票。授权文件将在出具发票后的两周内寄给申请单位。授权文件以波兰语书写。授权的有效期为2年,应制造单位、修理单位或改造单位的申请,其资质的有效期可以延长。在这种情况下,接下来的2年内通常不对申请单位进行重新审核,但那些生产需要重新审核的技术设备的申请单位除外,用于公共场合的技术设备制造资质需要再次评审。如果授权范围、生产技术、机械和设备、检验和测试方法发生变更,那么进一步延长资质有效期(根据制造单位、修理单位或改造单位的申请)2年(4年有效期过后)就需要对申请单位进行重新评审。在资质有效期内,应制造单位、修理单位或改造单位的申请,波兰技术检验办公室可以扩展授权范围。原则上,这种扩展需要对申请单位进行评审。

技术设备制造单位资质申请的费用如表2-3所示。

表2-3 技术设备制造单位资质申请费用一览表

员工数(直聘)/人	1~3	4~8	9~20	21~50	51~100	100以上
起草和颁发证书费用/兹罗提	15 725	47 200	15 375	15 025	14 675	19 575
许可的年费/兹罗提	31 450	94 400	230 750	430 050	629 350	839 150

波兰技术检验办公室对制造单位评审的内容如下:
(1)申请许可范围的正确性(技术设备或其部件的类型);
(2)生产技术,包括材料、焊接、热处理、塑性加工的工艺;
(3)焊接工艺说明文件和焊接人员资格证书;
(4)质量控制系统的组织和运行;
(5)质量检验人员的资格和能力;
(6)用于生产的机器和设备;
(7)材料库存管理;
(8)生产过程中的检验和测试类型;
(9)设备的技术文件范围;
(10)实验室设备和业务;
(11)质量保证体系运行情况(如适用);
(12)技术设备的技术文件。

波兰国内和国外技术设备制造单位均可在波兰技术检验办公室网站上查询,制造许可证如图2-6所示。如果未满足相应的技术条件并生产质量差的技术设备,进而影响这些设备的安全运行,波兰检验技术办公室以正式通知的形式规定整改的期限并中止其资质。此后,如果未整改,则吊销其资质。

图 2-6　UDT 授予 GOLD-BUD 的电梯制造许可证

电梯改造许可证如图 2-7 所示，电梯安装许可证如图 2-8 所示。

图 2-7　UDT 授予 GOLD-BUD 的电梯改造许可证

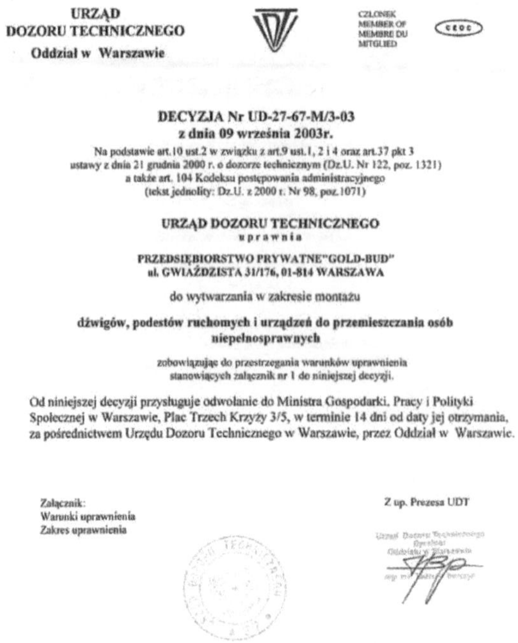

URZĄD
DOZORU TECHNICZNEGO
Oddział w Warszawie

CZLONEK
MEMBER OF
MEMBRE DU
MITGLIED

CEOC

DECYZJA Nr UD-27-67-M/3-03
z dnia 09 września 2003r.

Na podstawie art.10 ust.2 w związku z art.9 ust.1, 2 i 4 oraz art.37 pkt 3
ustawy z dnia 21 grudnia 2000 r. o dozorze technicznym (Dz.U. Nr 122, poz. 1321)
a także art. 104 Kodeksu postępowania administracyjnego
(tekst jednolity: Dz.U. z 2000 r. Nr 98, poz.1071)

URZĄD DOZORU TECHNICZNEGO
uprawnia

PRZEDSIĘBIORSTWO PRYWATNE"GOLD-BUD"
ul. GWIAŹDZISTA 31/176, 01-814 WARSZAWA

do wytwarzania w zakresie montażu

dźwigów, podestów ruchomych i urządzeń do przemieszczania osób niepełnosprawnych

zobowiązując do przestrzegania warunków uprawnienia
stanowiących załącznik nr 1 do niniejszej decyzji.

Od niniejszej decyzji przysługuje odwołanie do Ministra Gospodarki, Pracy i Polityki Społecznej w Warszawie, Plac Trzech Krzyży 3/5, w terminie 14 dni od daty jej otrzymania, za pośrednictwem Urzędu Dozoru Technicznego w Warszawie, przez Oddział w Warszawie.

Załącznik:
Warunki uprawnienia
Zakres uprawnienia

Z up. Prezesa UDT

图 2-8　UDT 授予 GOLD-BUD 的电梯安装许可证

提升设备在使用、修理和改造方面的检验技术条件见附 2-1。

附 2-1　提升设备在使用、修理和改造方面的检验技术条件

2018 年 6 月 27 日发布

创业与技术部条例

根据 2000 年 12 月 21 日出台的《技术检查法》(Technical Supervision Act)条文 Art8 第 4 条(2017 年版 1040、1555 和 2201 条、2018 年版 317 和 650 条),做出如下规定:

第一章　基本要求

§1

本条例对以下近距离运输设备的技术检查条件做出规定。

(1) 绞车和升降机;

(2) 龙门架;

(3) 起重机;

(4) 堆垛起重机;

(5) 货物起重机(包括立体停车库,车载升降设备、倾斜升降台和便携式手动操纵升降机除外);

(6) 输送提升机;

(7) 升降平台;

(8) 残疾人专用设备;

(9) 自动扶梯和自动人行道;

(10) 封闭式带舱平台输送机;

(11) 利用机械方式驱动提升的堆高车辆;

(12) 运送人或货物的电梯、施工升降机和载货电梯;

(13) 索道;

(14) 游乐用旋转座椅和索道;

(15) 集装箱运输装置;

(16) 轨道车辆牵引装置。

——下文统称为"提升设备"。

§2 本条例中名词解释

（1）使用说明——安全使用提升设备的一套资料；

（2）危险损坏——提升设备意外损坏，导致其无法使用，或继续使用将会对生命、人体健康、财产或环境造成威胁；

（3）伤亡事件——导致人员受伤或死亡的突发事件；

（4）投放市场——使技术设备可以首次销售或使用；

（5）投入使用——按照预期用途首次使用提升设备；

（6）使用寿命——用于评价和识别其技术状态的年限，这要根据技术设备在整个寿命周期内运行次数和载荷情况来确定，另外还要考虑其实际运行情况。

§3

1. 提升设备的定期检验周期和特定检验周期在本条例附件1中做出说明。

2. 如果有充分的理由说明技术状态对提升设备的安全运行有影响，那么提升设备的正常定期检验周期可在有能力的技术检查机构做出判定的基础上缩短。

3. 特定检验的日期可根据使用过程中的需要来确定。

第二章 技术文件

§4

1. 如向当地技术检查机构申请注册提升设备，使用单位应提供两份文件副本，副本见下述第2条的要求。

2. 除非得到技术检查机构认可的规则或者技术说明书中合格评定有说明，否则技术文件应包括如下内容：

（1）提升设备的符号及基本描述，包括允许使用的配置；

（2）总装图；

（3）使用说明；

（4）电气原理图、液压原理图和气动原理图（如有）；

（5）动力装置中的绳张紧系统图；

（6）下述第3条述及的提升设备安装在使用区域的支撑文件；

（7）爆炸危险区域内正确组装设备的验证说明（如有）。

3. 支撑文件应包括：

（1）提升设备的组装布置图，特别要注意提升设备环境、通道、路径的实际尺寸，还有

总图中未标注的覆盖件(如有);

(2) 提升设备的动力线路图,图中特别标注电气元件、安全部件的尺寸和型号以及电源线的种类与型号;

(3) 组装和测试符合要求的证明文件,满足合格评定要求(单独的规定)的电梯和安全部件除外;

(4) 提升设备的电路、电气系统、避雷设施绝缘电阻的测试记录,以及提升设备的防火测试记录,这些测试由有相关检验资格的人员依据1997年4月10日发布的《能源法》第54(6)条的规定进行测试。

(5) 与提升设备相关的施工和生产材料符合要求的证明文件(如有)。

第三章 使用、修理和改造提升设备的技术条件

§5

1. 提升设备的运行应符合第4节第2条所述的规定。

2. 在以下情况下使用提升设备,使用单位应起草详细的使用说明书,描述采取一定的组织和技术措施以减少使用提升设备带来的安全风险。

(1) 设计与制造用于提升和运输人员的设备;

(2) 使用两个或者多个提升装置来提升重物;

(3) 易于碰撞的条件下使用提升设备;

(4) 操作人员难以观察整个重物的运行路径;

(5) 在架空的电源线附近使用提升设备。

3. 对于2(1)所述的情况,使用单位应与技术检查机构商定详细的操作条件。

§6

1. 对于带有电气装置的提升设备,使用单位应实施以下操作并记录在案:

(1) 电路绝缘电阻的测量,特别要注意安全边界和消防系统应至少满足以下条件:

(a) 对于下述设备,一年测量一次。

——可能会爆炸的区域运行,此区域带有腐蚀性烟雾;

——室外运行;

——用于运送人员。

(b) 对于在(a)环境之外运行的设备,两年测量一次。

(2) 工作系统和避雷绝缘电阻的测量,以及防火系统(如有)绝缘电阻的测量,至少满足以下条件:

(a) 对于下述设备,一年测量一次。

——室外、非常潮湿的环境或者非常热的环境中运行,或者带有腐蚀性烟雾;

——用于运送人员。

(b) 对于在(a)环境之外运行的设备,两年测量一次。

2. 如提升设备电气装置发生改变,绝缘电阻须重新在提升设备的使用现场进行测量。绝缘状态、接地电阻或防火系统遭到破坏以及设备损坏同样也要重新测量。

3. 绝缘电阻测量值应保存在维保记录上。

§7

1. 为确保提升设备安全运行,使用单位应正确使用提升设备,并使提升设备得到维护保养。

2. 对于每台提升设备,使用单位应单独创建和保存由维保人员实施形成的维保记录,还应根据使用说明书的要求记录提升设备的运行过程。

3. 维保记录可以采用电子档的形式保存。

4. 对于因超出使用单位能力范围而导致没有记录提升设备操作过程的情况,还应根据目前的技术能力水平和工程实践水平重新记录。

5. 对于不知道提升设备使用寿命的情况,使用单位应根据目前的技术能力水平和工程实践水平来确定。

6. 对于超过使用寿命的情况,使用单位应对提升设备进行技术评估或者委托别人进行评估。

§8

提升设备的操作人员应遵守提升设备的使用说明书。

§9

1. 维保人员应满足以下条件:

(1) 遵守提升设备的使用说明书。

(2) 根据使用说明书定期对提升设备进行检查,检查内容包括:

(a) 驱动器、制动系统、绳张紧装置及其附件的运行状态;

(b) 安全装置及运行限位装置的功能;

(c) 控制、信号和照明装置的功能;

(d) 提升设备的正确使用。

(3) 每隔12个月检查下列内容,使用说明书中有特殊要求的除外。

(a) 上层结构,特别是独立的固定连接部分;

(b)导向装置；

(c)消防系统、接地和避雷系统(如有)。

(4)提升设备运行时对缺陷和不合规的地方进行调整、更换或修理。

(5)记录运行特性并保存维保记录,参见上述要求,还须记录以下信息。

(a)姓名和别称；

(b)资格证书编号；

(c)检查日期；

(d)提升设备的运行时间或运行次数(如有)。

(6)立即将可能导致提升设备无法正常使用的不合规信息告知使用单位,并在维保记录上有所记录。

2. 如果更换的部件与原来部件的参数和性能完全一致,那么维保人员可以更换相应的部件,而无须征得技术检查机构的同意,§17 中 2(1)所述的情况除外。

3. 除非使用说明书中有特殊要求,否则应按照附件 2 的要求定期对提升设备进行维保和检查。

§10

1. 如果因拆卸和重装引起提升设备移装,那么维保人员应按照使用说明书的要求对其进行检查,特别是：

(1)检查驱动装置、绳张紧装置及其固定件的运行状况；

(2)设备安装完毕后根据相关文件对其进行验证；

(3)检查安全装置功能是否良好；

(4)无载和名义载荷试验。

2. 根据上述要求检查后,如果检查结果合格,那么维保人员应在维保记录中记录新场所提升设备的启动和运行情况。

§11

1. 对提升设备修理或改造,其施工范围和文件应经过技术检查机构认可。

2. 对提升设备修理或改造,施工范围和文件经过技术检查机构认可后方可实施修理或者改造。

第四章 技术测试的类型和范围

§12

1. 技术检查机构实施以下行为：

（1）提升设备生产完成后，在投入使用前对其进行验收检验。

（2）在适用于完全技术检查的提升设备的使用过程中对其进行定期检验。

（3）特定检验：

（a）运行方面的检验；

（b）调查；

（c）事故前或者故障前的检查。

2. 适用于简单技术检查的设备无须进行技术测试，但特定检验中事故前或者故障前的检查除外。

§13

1. 除非相关规定要求有不同的测试状态，否则申请测试的设备须安装完毕，此时按照相关规定和使用说明书的要求在技术上不存在任何问题，即可投入使用。

2. 申请测试设备时，使用单位应确保操作安全，保证测试所需的载荷到位，同时保证测试用的载荷和提升载荷所需的起重装置就位。

3. 使用单位应确保维保人员和检验人员共同参与提升设备的测试。

4. 如有以下情况，测试提升设备时，维保人员或者检验人员可以不在场。

（1）最迟在检验前1天才征得技术检查机构的同意；

（2）实施的测试不需要维保人员或者检验人员在场；

（3）已经按照§9第1条和第2条的规定完成维保，而且维保人员对其进行记录。

§14

1. 验收检验的目的是为了验证其是否满足以下要求：

（1）提升设备满足相关文件的规定；

（2）提升设备的安装与使用符合使用说明书和技术检查方面的规定；

（3）张贴在提升设备上的警示、告知和说明清晰可见；

（4）提升设备可以安全使用。

2. 进行验收检验前在提升设备安装现场，技术检查机构应确认与提升设备相关的文件是否符合§4所述的要求。

3. 验收检验的内容由以下几个部分组成：

（1）验证提升设备是否满足相关要求，同时确认其相关标识完好。

（2）查验：

（a）提升设备维保人员或者操作人员的资格证书（如果他们参与验收检验）；

（b）提升设备本身及其技术状态；

(c) 提升设备的组装方式及其使用情况,这要符合使用说明书的要求。

(3) 提升设备的功能测试,组装完成后,准备充足的载荷,用来验证提升设备的控制和运行系统、机械装置以及防护与安全装置功能是否完好。

4. 上述3(2)(b)和(c)以及(3)所述的检验与验证不适用于以下设备:

(1) 满足合格评定要求(有单独规定明确要求)的电梯及其安全部件;

(2) 移动式起重机和移动升降平台;

(3) 移动式提升机;

(4) 可运输的快速安装起重机;

(5) 带有机械起升驱动装置的堆高车;

(6) 已经投放市场但还未投入使用的便携式可移动输送升降机。

§15

1. 完成验收检验后,一份§4第1条所述文档的复印件作为提升设备检验报告中的附件,另外一份复印件交由技术检查机构保存。

2. 交给技术检查机构的文档复印件可以采用电子档的形式。

§16

1. 定期检验的目的是验证其是否达到以下要求:

(1) 之前提升设备测试协议中列出的检验行为已经完成;

(2) 可能影响提升设备安全运行的危险不复存在,技术设备的改动不影响其安全使用;

(3) 提升设备装有必要的防护和安全装置,且功能完好;

(4) 张贴在提升设备上的警示、告知和说明清晰可见;

(5) 提升设备需要修理;

(6) 已经实施§6第1条所述的测量。

2. 定期测试的范围由以下几个部分构成:

(1) 验证。

(a) 提升设备的检验报告和维保记录;

(b) §4的3(3)和(4)所述的测量记录;

(c) 提升设备维保人员或者操作人员的资格证书(如果他们参与验收检验)。

(2) 在可接近的位置目测检查提升设备。

(3) 提升设备的功能测试,组装完成后,准备充足的载荷,验证提升设备的控制与运行系统、机械装置以及防护和安全装置功能是否完好。

3. 对于以下情况,2(3)所述的测试应空载测试:

（1）运送人员和货物的电梯；

（2）杂物电梯；

（3）残疾人专用设备；

（4）自动扶梯和自动人行道；

（5）带有闭式传送带的带舱平台输送机。

§17

1. 特定检验的目的是验证其是否满足以下要求：

（1）提升设备的修理、更换或改造以及拆除、在新场地或其他环境重装不会对提升设备的安全运行带来风险；

（2）提升设备符合相关的文件要求；

（3）提升设备的安装和使用符合使用说明书的要求；

（4）张贴在提升设备上的警示、告知和说明清晰可见。

2. 对于由技术检查机构实施的特定检验，以下情况下使用单位应递交测试申请。

（1）更换下列部件后：

（a）拉杆；

（b）夹紧装置；

（c）摩擦耦合驱动单元或部件；

（d）提升机构或提拉机构；

（e）安全装置，特别是速度限制装置、夹紧装置、载荷限制装置或层门门锁。

（2）修理或改造提升设备后。

（3）使用场所变更后，即需要拆除和重装提升设备，参见§18。

（4）超过使用寿命时，对提升设备进行技术评估后，参见§7第6条。

3. 应使用单位请求，也可以实施特定检验，但这要征得技术检查机构的同意。

4. 特定检验的范围由以下几个部分构成：

（1）检查提升设备的检验报告和维保记录；

（2）查验§4的3（3）和（4）所述的测量记录；

（3）检查提升设备维保人员或操作人员的资格证书（如果他们参与验收检验）；

（4）查验§4第3条所述的文档资料；

（5）按照使用说明书的要求对提升设备的正确使用进行验证，验证其安装是否到位；

（6）提升设备的功能测试，组装完成后，准备充足的载荷，验证提升设备的控制与运行系统、机械装置以及防护和安全装置功能是否完好。

§18

1. 使用场所变更后(这与拆除和重装有关),以下设备无须进行特定检验。
(1) 绞车和起重机;
(2) 便携式可移动的输送升降机;
(3) 移动式升降机;
(4) 可运输的快速安装起重机;
(5) 移动式起重机;
(6) 带有单向供电电源的提升设备;
(7) 带有柴油机的提升设备,固定在其他设施的除外。

2. 对于升降平台和施工升降机,在某个设施内首次安装后须进行特定检验。

§19

特定检验的用途和范围与§16第1条和第2条一致。

§20

§14第3(3)条、§16第2(3)条和§17第4(6)条所述的提升设备功能测试可以采用等效的方法,不需要载荷。

§21

1. 事故前或者故障前应进行特定检验,以确定提升设备的技术状态,找出危害事件或者危险源产生的原因。

2. 有人向技术检查机构告知与提升设备相关的危害事件或者危险源后,特定检验应由技术检查机构来实施。

3. 对于特定检验的情况,由技术检查机构来确定检验的范围和内容。

§22

1. 以年和月的形式列出检验日期。

2. 对于首次定期检验或者首次特定检验的情况,检验日期从获得使用许可的当天开始计算。

3. 如果特定检验的范围和内容包括定期检验的所有内容,经使用单位同意,下次定期检验的日期可以从特定检验的日期开始计算。

第五章 过渡性条款和最终条款

§23

在本法规生效之前开始实施但未完成的技术检查活动,之前的规定仍然适用。

§24

以下规则作废处理:

(1) 2001 年 7 月 10 日经济部部长签署的条例《适用于对座椅升降机和客运索道进行技术监督的技术条件》(Journal of Laws, item 827);

(2) 2001 年 12 月 28 日经济部部长签署的条例《适用于对升降机进行技术监督的技术条件》(Journal of Laws, item 43);

(3) 2003 年 10 月 29 日经济、劳动和社会部部长签署的条例《对特定类型提升设备的运行进行技术监督的技术条件》(Journal of Laws, item 1890)。

附件1 提升设备技术检查形式以及定期检验和特定检验的周期

序号	提升设备		技术检查形式	检验频率	
				定期检验	特定检验
1	具有全部或部分防爆特性的提升设备		完全	一年一次	/
2	额定载重量不超过 250 kg 的提升设备		简单	/	/
3	普通用途且手动操作的绞车和起重机	额定载重量 2 000 kg 以内	简单	/	/
4		额定载重量 2 000 kg 以上	限定	/	三年一次
5	普通用途的有机械传动驱动的绞车和起重机		限定	/	两年一次
6	1 000 kg 以下的带有单向供电电源的绞车和起重机		简单	/	/
7	特殊用途的绞车和起重机		完全	一年一次	/
8	轨道上的车辆运输装置		完全	一年一次	/
9	机械装置通过手动操作的龙门架		限定	/	两年一次
10	带有机械驱动装置的龙门架		完全	两年一次	/
11	特殊用途的龙门架		完全	一年一次	/

续表

序号	提升设备		技术检查形式	检验频率	
				定期检验	特定检验
12	机械装置通过手动操作的起重机	额定载重量2 000 kg以内	简单	/	/
13		额定载重量2 000 kg以上	限定	/	三年一次
14	移动式起重机、塔式起重机、可运输的快速安装起重机、轨道起重机、额定载重量超过3 200 kg的便携式起重机		完全	一年一次	/
15	其他便携式起重机、移动式起重机,可运输的快速安装起重机除外		限定	/	两年一次
16	仓库堆高车		完全	一年一次	/
17	输送提升机		限定	/	两年一次
18	移动式升降平台		完全	一年一次	/
19	悬挂式升降平台		完全	一年一次	/
20	桅杆升降工作平台		完全	一年一次	/
21	固定式升降工作平台		限定	/	两年一次
22	可装载的升降工作平台		限定	/	三年一次
23	残疾人专用设备		完全	两年一次	/
24	自动扶梯和自动人行道		完全	一年一次	/
25	封闭式带舱平台输送机		完全	一年一次	/
26	运送人员和货物的电梯,包括可用于靠近机器的电梯		完全	一年一次	/
27	禁止进入轿厢的杂物电梯和载货电梯		完全	三年一次	/
28	运送人员和货物的施工升降机		完全	一年一次	/
29	运送货物的施工升降机		限定	/	两年一次
30	索道起重机		完全	一年一次	/
31	集装箱运输装置		完全	一年一次	/
32	升降机,运行期间允许人员进入移动载荷的区域		完全	一年一次	/
33	升降机(32条所述的升降机除外)	固定式、移动式便于提升整个车辆	限定	/	两年一次
34		便携式,33条所述的除外,额定载重量超过2 t	限定	/	三年一次
35		便携式,33条所述的除外,额定载重量不超过2 t	简单	/	/
36	带有起重臂的堆高车		完全	一年一次	/
37	操作人员和货物一起提升的堆高车		完全	一年一次	/
38	其他堆高车(提升装置带有机械装置驱动)	平台或者操作人员有座位	完全	一年一次	/
39		带导向的远程控制方式	限定	/	两年一次
40	旋转座椅和娱乐用的架空索道		完全	一年一次	/

附件2　提升设备维保周期

序号	近距离运输设备		维护检验期限
1	全部或有部分防爆性的提升设备		每30天
2	普通用途的绞车和起重机,所有机械机构都采用手动操作		每90天
3	普通用途的采用手动操作的绞车和起重机		每30天
4	特殊用途的绞车和起重机		每30天
5	轨道上的车辆运输装置		每30天
6	普通用途的龙门架,所有机械机构都采用手动操作		每90天
7	普通用途的采用机械方式操作的龙门架		每30天
8	特殊用途龙门架		每30天
9	所有机械机构都是手动操作的起重机		每90天
10	移动式起重机、塔式起重机、可运输的快速安装起重机、轨道起重机		每30天
11	其他便携式起重机、移动式起重机,快速安装和固定起重机除外		每60天
12	仓库堆高车		每30天
13	输送提升机		每90天
14	移动式升降平台		每30天
15	悬挂式升降平台		每30天
16	桅杆升降工作平台		每30天
17	固定式升降工作平台		每60天
18	可装载的升降工作平台		每180天
19	残疾人专用设备		每30天
20	自动扶梯和自动人行道		每30天
21	封闭式带舱平台输送机		每30天
22	运送人员和货物的电梯,包括可用于靠近机器的电梯		每30天
23	禁止进入轿厢的杂物电梯和载货电梯		每60天
24	运送人员和货物的施工升降机		每30天
25	运送货物的施工升降机		每30天
26	索道起重机		每30天
27	集装箱运输装置		每30天
28	升降机,运行期间允许人员进入移动载荷的区域		每90天
29	升降机(28条所述的升降机除外)	固定式和移动式	每180天
30		便携式	每180天
31	带有起重臂的堆高车		每30天
32	操作人员和货物一起提升的堆高车		每30天
33	其他堆高车 (提升装置带有机械装置驱动)	平台或者操作人员有座位	每30天
34		带导向的远程控制方式	每60天
35	旋转座椅和娱乐用的架空索道		每30天

第四节 电梯整机和部件的型式试验

波兰境内电梯型式试验由波兰技术检验办公室下属的 UDT-CERT 来实施。EN 81-50 标准所规定的试验单位是一个被认可的机构,同时承担试验和签发合格证工作。一个被认可的机构是指专门制定完整的质量保证体系的机构。在某些情况下,试验单位与出具型式试验证书的机构可以不是同一家。这种情况下的管理程序可能与 EN 81-50 标准描述的状况有所不同。

型式试验的申请书应由部件制造商或其委托的代理人填写,并提交给 UDT-CERT。如果受委托对要求颁发型式试验合格证书的某一部件进行全面检测的试验单位没有合适的设备去完成某项试验,则在该单位负责下,可安排其他试验单位去完成。

1. 电梯门门锁装置型式试验

包括参与门锁紧和检查锁紧状态的部件,均为门锁装置的组成部分。应特别检查门锁装置的机械和电气部件的尺寸是否合适,以及在最后,特别是磨损后,门锁装置是否丧失其效用。

如果门锁装置需要满足特殊的要求(防水、防尘或防爆结构),申请人对此应有详细的说明,由试验单位按照有关标准进行补充试验。

(1) 操作试验。

(2) 机械试验。

- 耐久试验
- 静态试验
- 动态试验
- 机械试验结果的评定

(3) 电气试验。

- 触点耐久试验
- 断路能力试验
- 漏电流电阻试验
- 电气间隙和爬电距离的试验
- 安全触点及其可接近性要求的试验

2. 安全钳的型式试验

申请人应指明使用范围:

- 最小和最大质量
- 最大额定速度和最大动作速度

同时,还应提供导轨所使用的材料、型号及其表面状态(拉制、铣削、磨削)的详细资料。

申请人还应附上下列资料:

(1)标有结构、动作、所用材料、部件尺寸和配合公差的装配详图;

(2)对于渐进式安全钳,还应附上弹性元件载荷图。

对于瞬时式和渐进式安全钳,将按照不同的试验方式和程序进行型式试验。

3. 限速器的型式试验

申请人应向试验单位表明:

(1)由限速器操纵的安全钳的类型;

(2)采用该限速器的电梯的最大和最小额定速度;

(3)限速器动作时所产生的限速器绳张力的预期值。

申请书还应附有结构、动作、所用材料、构件的尺寸和公差的装配详图。

4. 缓冲器的型式试验

申请人应说明使用范围(最大撞击速度、最小和最大质量)。申请书还应附上下列资料:

(1)详细的装配图,该图应显示结构、动作、使用的材料、构件的尺寸和公差(对液压缓冲器,要特别将液体通道的开口度表示成缓冲器行程的函数);

(2)所用液体的说明书;

(3)使用环境的信息(温度、湿度、污染度等)和寿命周期(老化、废弃的标准)。

5. 电子元件的安全电路以及可编程电子系统(PESSRAL)的型式试验

含有电子元件的安全电路应进行实验室试验,因为检验人员在现场进行实际检验是不可能的。

(1)机械试验。

- 振动
- 冲击试验
- 持续冲击试验
- 连续撞击

(2)温度试验。

(3)可编程电子系统的功能和安全性试验。

6. 轿厢上行超速保护装置的型式试验

根据被试装置和它需要达到的实际功能,由申请人和试验单位确定试验方法。

测量的量应包括：

——加速度和速度；

——制停距离；

——减速度。

测量的量应表示成时间的函数。

7. 轿厢意外移动保护装置的型式试验

申请人应说明组成型式试验部分的轿厢意外移动检测装置、控制电路和制停部件系统的主要参数：

——最小和最大质量；

——最小和最大力或力矩，如果适用；

——检测装置、控制电路和制停部件各自的响应时间；

——减速之前所预期的最高速度；

——与检测装置所安装的层站的距离；

——试验速度；

——所设计的极限温度和极限湿度，以及申请人和试验单位之间达成的任何其他相关信息。

8. 破坏阀、单向流节阀的型式试验

申请人应说明下列内容：

（1）参数的范围。

- 流量
- 压力
- 黏度
- 环境温度

（2）安装方法。

申请内容还应包括：破裂阀和结构部件的零件与装配详图，表明其构造、动作、调整、材料、尺寸和公差。

9. 摆锤冲击试验

摆锤冲击试验是 EN 81-50 中新增加的内容，可用硬摆锤冲击或者软摆锤冲击。每个装置的每个撞击点仅进行一次试验。如果需要做几次试验，每次试验后可以更换样品。如果硬摆锤和软摆锤冲击试验都需要做，两种试验应在同一面板上进行，且先做硬摆锤冲击试验。对于层门，应从层站侧试验。对于轿门和轿壁，应从轿厢内侧试验。

10. 安全部件计算

规定的安全部件计算包括以下几个方面：

（1）导轨计算；

（2）曳引力计算；

（3）曳引驱动电梯悬挂钢丝绳安全系数的计算；

（4）柱塞、缸筒、硬管和附件的相关计算。

关于基本健康和安全要求、欧盟电梯安全部件的合格声明、型式试验、型式符合性等内容见附 2-2。

附 2-2

附录 I 基本健康和安全要求

序言

（1）基本健康和安全要求的义务只适用于按照安装单位或制造单位的预期用途使用的电梯或电梯安全部件存在风险的情况。

（2）本指令中的基本健康和安全要求是强制性的。然而，鉴于目前的技术水平，制定这些要求的目的可能无法实现。在这种情况下，电梯或电梯安全部件的设计和制造应尽最大可能接近这些要求。

（3）制造单位和安装单位有义务进行风险评估，以确定所有可能的风险，再根据评估的情况设计和生产。

1. 一般规定

1.1 欧盟指令 2006/42/EC 的适用情况

若存在本附录中未涉及的风险，则欧盟指令 2006/42/EC 附录 I 的基本健康和安全要求适用。欧盟指令 2006/42/EC 的附录中第 1.1.2 条的基本健康和安全要求适用于任何情况。

1.2 承载物

每个电梯的承载物必须是一个轿厢。该轿厢的设计和制造必须提供与安装单位设置的最大乘载人数和电梯额定载重量相对应的空间和强度。

如电梯用于载人且在尺寸允许的情况下，该轿厢在设计和制造时，在结构上不妨碍或阻碍残疾人进入和使用，并且可做出适当的调整，以方便他们使用。

1.3 悬挂装置和支撑装置

轿厢悬挂和支撑装置的任何附件及端接部件必须依据使用条件、使用材料和制造条件进行选择和设计，以确保轿厢具有足够的整体安全水平，并将轿厢坠落的风险降到最低。

如轿厢采用钢丝绳或链条进行悬挂，则至少要有两条独立的钢丝绳或链条，每条钢丝绳或链条都有自己的锚固系统。除非采取必要的固定或环绕措施，否则这种钢丝绳或链条无须采用连接或拼接措施。

1.4 超载控制（包括超速）

1.4.1 电梯的设计、制造和安装必须防止超载时正常启动。

1.4.2 电梯必须配备限速器。

该要求不适用于驱动系统自身设计成能防止超速的电梯。

1.4.3 快速电梯必须配置速度监控和速度限制装置。

1.4.4 曳引驱动电梯在设计上必须保证曳引轮上曳引绳的稳定性。

1.5 驱动主机

1.5.1 所有乘客电梯必须配有单独的驱动主机,用另一个轿厢代替对重的电梯除外。

1.5.2 安装单位必须确保电梯和相关设备不易于接近,维护保养和紧急情况下除外。

1.6 控制

1.6.1 无人陪护的残疾人使用的电梯控制装置在设计和定位上需有针对性。

1.6.2 控制装置的功能须明晰。

1.6.3 电梯组的呼梯电路可共用或互联互通。

1.6.4 电气设备的安装和连接应该满足：

（a）与电梯无直接连接的电路不易混淆；

（b）电源可以在负载时关断；

（c）电梯移动依赖于电气安全装置,该装置位于独立的电气安全电路；

（d）电气装置的故障不会导致危险情况发生。

2. 电梯外人员的风险

2.1 电梯的设计和制造必须确保轿厢运行的空间不可进入,在维保或紧急情况下除外。在人员进入上述空间之前,电梯应不能正常使用。

2.2 电梯的设计和制造必须防止在轿厢处于极限位置时发生碰撞的风险,这可通过极限位置以外的自由空间或避难空间来实现。但在特殊情况下,经过成员国事先批准,特别是一些现有建筑自身条件无法满足时,可通过其他方式避免这种风险产生。

2.3 轿厢出入口须安装机械强度符合使用要求的层门,互锁装置在正常运行时必须：

（a）防止启动轿厢,无论是否有意触发,除非所有的层门都已关闭和锁住；

（b）当轿厢在平层区域以外仍在移动时,防止打开层门。

然而,在平层速度可控的条件下,在特定区域内门打开时可进行平层运行。

3. 轿厢内人员的风险

3.1 电梯轿厢必须完全由围壁、地板、天花板、轿门所封闭（通风口除外）,在设计和制造时须保证除非门已关闭,否则电梯不能移动,2.3 所述的平层运行除外。

如果电梯停靠在两层之间且有坠落风险时,或者未设置井道时,轿门必须保持关闭和互锁状态。

3.2 在停电或电梯部件发生故障的情况下,电梯必须有防止轿厢自由落体或轿厢意外移动的装置。

防止轿厢自由落体的装置必须独立于轿厢的悬挂装置。该装置必须能够在安装单位预期的额定载重量和最大速度下制停轿厢。无论负载情况如何,由该装置引起的任何制停减速度均不得对乘客造成伤害。

3.3 缓冲器必须安装在井道的底部和轿底之间。在这种情况下,2.2 所述的自由空间必须在缓冲器完全压缩的情况下测量。

由于驱动系统的不同设计,对于轿厢不能进入2.2 所述的自由空间的电梯不适用该要求。

3.4 电梯的设计和制造必须使其在3.2 所述的装置处于非工作位置时不能启动。

4. 其他风险

4.1 如果层门和轿门是电动的,则必须安装一种装置以防止它们在移动时坠落。

4.2 层门必须有助于建筑物防火,包括装有玻璃部件的层门,其在隔热(防火)和传热(热辐射)方面必须具有适当的防火性能。

4.3 对重的安装必须避免与其他物体相碰或坠落到轿厢上。

4.4 电梯必须配有使被困在轿厢的人能够被释放和疏散的装置。

4.5 轿厢必须配备双向通信设备,以便与救援机构保持永久联系。

4.6 在电梯主机的温度超过安装单位所设定的最高温度时,电梯的设计和制造必须保证电梯能完成正在进行的指令,且不能响应新指令。

4.7 电梯的设计和制造必须确保即使是在长时间停梯的情况下,轿厢仍获取足够的通风。

4.8 电梯在使用或门打开时,应有充分的照明,同时必须有应急照明。

4.9 上述4.5 所述的通信方式和4.8 所述的应急照明在设计和制造方面须确保在无正常供电的情况下仍然起作用。而且它们的工作时间应该足够长,以便实施救援程序。

4.10 发生火灾时采用的电梯控制电路在设计和制造方面必须防止电梯停在某一层,并容许救援队优先控制电梯。

5. 标识

5.1 除欧盟指令2006/42/EC 中附录Ⅰ的1.7.3 对任何机器的最低要求外,每个轿厢必须有一个清晰可见的铭牌,铭牌上显示额定载重量(kg)和可运载的最大乘客人数。

5.2 如果电梯的设计允许被困在轿厢内的人在没有外界帮助的情况下也可逃生,则轿厢内的相关说明必须清晰可见。

6. 说明书

6.1 附录Ⅲ所述电梯安全部件必须附有说明书,以便安全有效地进行下列工作:

(a) 装配;

(b) 连接;

(c) 调整；

(d) 维保。

6.2 每台电梯都必须附有说明书,并至少应包括下列文件：

(a) 说明书,需包括与正常使用、维护、检查、修理、定期检查和4.4所述救援操作有关的方案与图纸；

(b) 记录表,记录修理情况和定期检查情况。

附录Ⅱ 欧盟电梯安全部件的合格声明

A 欧盟电梯安全部件合格声明的内容

欧盟电梯安全部件符合标准说明应包括以下信息：

(a) 制造单位的名称和地址；

(b) 代理商的名称和地址(如适用)；

(c) 电梯安全部件的说明书、型号和系列产品的详情及序列号(如有),必要时还可包括用于识别电梯安全部件的图示；

(d) 如说明书表述不明确,还应包括电梯安全部件的安全功能；

(e) 电梯安全部件的制造年份；

(f) 电梯安全部件符合的所有有关规定；

(g) 电梯安全部件符合有关欧盟协调法规的声明；

(h) 参考的协调标准(如适用)；

(i) 对附录Ⅳ的A部分及附录Ⅵ所述的电梯安全部件进行EU型式试验的公告机构名称、地址及识别号,以及该公告机构颁发的EU型式试验证书(如适用)；

(j) 根据附录Ⅸ对电梯安全部件进行型式符合性随机检查的公告机构名称、地址及识别号(如适用)；

(k) 根据附录Ⅵ或Ⅶ中合格评定程序对制造单位进行质量体系认证的公告机构的名称、地址和识别号(如适用)；

(l) 代表制造单位或其代理商签署声明的人员姓名及职能；

(m) 签名地点及日期；

(n) 签名。

B 电梯EU合格声明的内容

电梯EU合格声明应以附录Ⅰ中6.2所述的同一种语言编制,并包括下列信息：

(a) 安装单位的名称及地址；

(b) 代理商的名称及地址（如适用）；

(c) 电梯的说明书、型号和系列详情、安装电梯时的序列号及地址；

(d) 电梯安装的年份；

(e) 电梯符合的所有有关规定；

(f) 电梯符合有关欧盟协调法规的声明；

(g) 参考的协调标准（如适用）；

(h) 对附录Ⅵ的 B 部分所述的电梯进行 EU 型式试验的公告机构名称、地址及识别号,该公告机构颁发的 EU 型式试验证书（如适用）；

(i) 根据附录Ⅷ对电梯进行验证的公告机构名称、地址及识别号（如适用）；

(j) 根据附录Ⅴ进行最终检验的公告机构的名称、地址及识别号（如适用）；

(k) 根据附录Ⅹ、Ⅺ或Ⅻ所述的合格评定程序对安装单位进行质量体系认证的公告机构的名称、地址和识别号（如适用）；

(l) 代表安装单位或其代理商签署声明的人员姓名及职能；

(m) 签名地点及日期；

(n) 签名。

附录Ⅲ 电梯安全部件

1. 层门门锁装置。
2. 附录Ⅰ中 3.2 所述的防止轿厢坠落或意外移动的装置。
3. 限速器。
4. （1）蓄能型缓冲器：
(a) 非线性；
(b) 弹簧。
（2）耗能型缓冲器。
5. 安装在电梯液压动力回路的油缸上防止坠落的安全装置。
6. 包含电子元件的安全电路形式的电气安全装置。

附录Ⅳ 电梯和电梯安全部件的 EU 型式试验（module B）

A 电梯安全部件的 EU 型式试验

1. EU 型式试验是合格评定程序的一部分,在该程序中,公告机构检查电梯安全部件的技术设计,验证电梯安全部件的技术设计是否满足附录Ⅰ所述的基本健康和安全要求,还要确认由各个安全部件组合而成的电梯是否满足上述要求。

2. EU 型式试验申请应由制造单位或其代理商提出,并由其选择一家公告机构进行合格评定。

申请书应包括下列内容:

(a) 制造单位的名称和地址以及电梯安全部件的制造地点,如申请是由代理商提出的,则提供该代理商的名称和地址;

(b) 书面声明没有向任何其他公告机构提交相同的申请;

(c) 技术文档;

(d) 电梯安全部件的样品和测试地点,如为了进行试验而需要样品,则公告机构可要求提供更多的样品;

(e) 技术设计方案合理性证明,本证明应包括已使用的任何文件,包括其他有关的技术规范,特别是有关尚未完全适用的协调标准,如有必要,证明文件应包括由制造单位相应的实验室或委托其他检测机构按照有关技术规范进行试验的结果。

3. 技术文件应能评估电梯安全部件是否符合上述第 1 条所述的要求,并应包括对风险的充分分析和评估。技术文件应规定电梯安全部件的评估、设计、制造和操作的适用要求和范围。

技术文件应根据实际情况包括下列内容:

(a) 电梯安全部件的说明书,包括其使用范围(速度、载重量和功率的限值)和条件(爆炸环境和室外环境);

(b) 设计和制造的图纸与图表;

(c) 上述图纸和图表以及电梯安全部件所必需的说明书;

(d) 全部适用或部分适用的协调标准(已在欧盟官方期刊中刊登)及不适用的协调标准一览表,为使电梯安全部件符合上述第 1 条中所述要求而采取的解决方案,包括适用的其他有关技术规格,对于部分采用协调标准的,技术文件应当注明已采用的部分;

(e) 由制造单位或为制造单位进行设计的计算结果;

(f) 检测报告;

(g) 在制造阶段保证电梯安全部件批量生产符合检验要求而采取的步骤。

4. 公告机构应:

(a) 审核技术文件及证明文件,评估电梯安全部件的技术设计是否满足要求;

(b) 与申请人约定检查和测试的地点;

(c) 核实提供的样本已按技术文件的规定生产,并确认采用有关协调标准或其他相关技术文件进行设计;

(d) 进行相关的检查和测试,如制造单位采用了相关的协调标准,确定制造单位是否正确采用了有关协调标准的技术规格;

（e）进行相关的检查和测试，如未采用有关协调标准的技术规格，检查制造单位采用的解决方案是否使得电梯安全部件满足上述第 1 条所述的要求；

（f）编制评估报告，记录所进行的检查、验证、测试及其结果，在不影响发出公告机构义务的情况下，公告机构仅在制造单位同意时可公布该报告的全部或部分内容。

5. 如电梯安全部件的型式试验满足上述第 1 条的要求，则公告机构应向制造单位出具 EU 型式试验证书。该证书应包括制造单位的名称和地址、EU 型式试验的结论、证书有效性的条件以及识别认证型式所需的细节。

（a）EU 型式试验证书可附有一份或多份附录；

（b）EU 型式试验证书及其附录应包含所有有关信息，以对已生产的电梯安全部件进行符合性评估和使用控制；

（c）如电梯安全部件的型式试验不符合上述第 1 条的要求，则公告机构应拒绝出具 EU 型式试验证书，并通知申请人，说明拒绝出具的详细理由；

（d）自证书签发之日起的 15 年内公告机构应保存一份 EU 型式试验证书及其附录和补充文件，还应保存技术文件和评估报告。

6. 公告机构在了解到技术状况发生变化可能导致认证的型式不再满足上述第 1 条的要求时，应确定此类变更是否需要进一步调查。如果是，合格评定机构应相应地告知制造单位。

7. 制造单位如对已批准的型式进行任何修改，并可能影响电梯安全部件符合第 1 条的要求或 EU 型式试验证书的有效性条件时，则应通知持有与 EU 型式试验证书有关技术文件的公告机构。

公告机构应当对修改进行审查，并告知申请人 EU 型式试验证书是否仍然有效或是否需要进一步检查、验证或测试。必要时，公告机构可在原 EU 型式试验证书的基础上补发证书，或要求重新申请 EU 型式试验。

8. 各公告机构应就其已出具或撤回的 EU 型式试验证书及其附录通知发出公告的机构，并应定期或应要求向发出公告的机构提供上述证书的清单及任何被拒绝、中止或以其他方式限制的内容。

各公告机构应将有关内容通知其他公告机构，这些内容包括已出具的 EU 型式试验证书及其附录中任何被拒绝、中止或以其他方式限制的内容。

9. 委员会、各成员国和其他公告机构可根据要求索取一份 EU 型式试验证书及其附录的副本。经过申请，委员会和成员国可索取一份检查、验证和测试技术文件与报告的副本，检查、验证和测试由公告机构实施。

10. 制造单位应在电梯安全部件投放市场后的 10 年内，随技术文件一起保存一份 EU 型式试验证书及其附录和增项的副本供国家机构使用。

11. 制造单位的代理商如有约定可提出上述第 2 条所述的申请,并履行第 7 条及第 10 条所述的义务。

B 电梯的 EU 型式试验

1. EU 型式试验是合格评定程序的一部分,在该程序中,公告机构检查样梯的技术设计,同时验证样梯的技术设计或者样梯符合附录 I 所述的基本健康和安全要求。

电梯 EU 型式试验包括对整个样梯进行检查。

2. EU 型式试验的申请应由安装单位或其代理商提交,并由其选择一个公告机构。

申请书包括下列内容:

(a) 安装单位的名称和地址,如申请是由代理商提出的,则提供该代理商的名称和地址;

(b) 未向其他任何公告机构提交相同申请的书面声明;

(c) 技术文件;

(d) 供检查样梯的详细地址,送检的样梯应包括终端部件,并至少服务于三层(顶层、中间层和底层);

(e) 技术设计方案合理性证明,本证明应包括已使用的任何文件,包括其他采用的有关技术规格,特别是有关协调标准尚未完全适用的文件,如有必要,证明文件还应包括由安装单位相应的实验室或委托其他检测机构按照其他有关技术规范进行测试的结果。

3. 技术文件应表明电梯符合附录 I 所要求的基本健康和安全要求。

技术文件应根据实际情况包括下列内容:

(a) 样梯的说明书,其中应清楚地表明样梯所有允许的变化内容;

(b) 用于设计和制造的图纸与图表;

(c) 图纸、图表以及电梯操作的说明书;

(d) 符合基本健康和安全要求的清单;

(e) 全部适用或部分适用的协调标准(已在欧盟官方期刊中刊登)及不适用的协调标准一览表,为使电梯满足指令的基本健康和安全要求而采取的解决方案,包括适用的其他有关技术规格,对于部分适用协调标准的,技术文件应当注明适用的部分;

(f) 电梯安全部件的 EU 合格声明的副本;

(g) 由安装单位或为安装单位进行设计的计算结论;

(h) 测试报告;

(i) 附录 I 中 6.2 所述的副本;

(j) 在安装阶段保证电梯批量生产符合附录 I 所述的基本健康和安全要求而采取的步骤。

4. 公告机构应：

（a）审核技术文件及证明文件，评估样梯的技术设计是否满足要求；

（b）与安装单位就进行检查和测试的地点达成协议；

（c）检查样梯是否按照技术文件生产，同时确认其原理是否符合协调标准的有关规定和相关技术规范；

（d）进行相关的检查和测试，以确定安装单位是否正确采用了有关协调标准的规格；

（e）进行相关的检查和测试，检查是否采用相关协调标准的规格，安装单位采用其他标准中的技术方案需满足本指令中基本健康和安全要求；

（f）编制评估报告，记录所进行的检查、验证、测试及其结果，在不影响发出公告机构义务的情况下，公告机构仅在安装单位同意时可公布该报告的全部或部分内容。

5. 如电梯的型式试验满足附录Ⅰ中基本健康和安全要求，则公告机构应向安装单位出具 EU 型式试验证书。该证书应包括安装单位的名称和地址、欧盟型式试验的结论、证书的任何有效性条件以及识别认证型式所需的细节。

（a）EU 型式试验证书可附有一份或多份附录；

（b）EU 型式试验证书及其附录应包含所有必要的资料，以便在最终检验时对经过许可的电梯型式试验进行评估；

（c）如果此型式试验不符合附录Ⅰ中的基本健康和安全要求，则公告机构应拒绝出具 EU 型式试验证书，告知安装单位并详细说明理由；

（d）自证书签发之日起的 15 年内公告机构应保存一份 EU 型式试验证书及其附录和补充文件，还应保存技术文件和评估报告。

6. 公告机构在了解到技术状况发生变化可能导致经过许可的型式试验不再满足附录Ⅰ中的基本健康和安全要求时，应确定此类变更是否需要进一步调查。如果是，公告机构应相应地告知安装单位。

7. 安装单位如对经过许可的型式试验进行任何变更，修改内容包括原始技术文档中未说明的变更，并可能影响电梯符合附录Ⅰ中基本健康和安全要求或 EU 型式试验证书的有效性条件时，则应将变更内容通知公告机构。

公告机构应审查变更内容，并通知安装单位该 EU 型式试验证书是否仍然有效，或是否需要进一步检查、验证或测试。如有需要，公告机构应在 EU 型式试验证书原件的基础上增加内容，或要求其提交新的 EU 型式试验申请。

8. 各公告机构应就其已出具或撤回的 EU 型式试验证书及其附录通知发出公告的机构，并应定期或应要求向发出公告的机构提供上述证书的清单及任何被拒绝、中止或以其他方式限制的内容。

各公告机构应将已出具的 EU 型式试验证书及其附录中任何被拒绝、中止或以其他方式限制的内容通知其他公告机构。

9. 委员会、各成员国和其他公告机构可根据要求索取一份 EU 型式试验证书及其附录的副本。经过申请,委员会和成员国可索取一份检查、验证和测试技术文件与报告的副本,检查、核查和试验由公告机构实施。

10. 安装单位应在电梯投放市场后的 10 年内,随技术文件一起保存一份 EU 型式试验证书及其附录和增项的副本供国家机构使用。

11. 代理商根据安装单位的授权,可提出第 2 条所述的申请,并履行第 8 条和第 11 条所述的义务。

附录 V 电梯最终检验

1. 最终检验是合格评定程序的一部分,公告机构可确定并证明电梯通过 EU 型式试验或电梯设计和制造是依据已认可的质量体系,该质量体系符合附录 I 中的基本健康和安全要求。

2. 安装单位应采取一切必要的措施,确保正在安装的电梯符合附录 I 中的基本健康和安全要求,并符合下列要求之一:

(a) EU 型式试验证书所述的认可型式;

(b) 如该电梯的设计并非完全符合协调标准,则该电梯的设计和制造需与附录 XI 中的质量体系和型式试验证书一致。

3. 安装单位选择的公告机构应对即将投放市场的电梯进行最终检验,以检查该电梯是否符合附录 I 中所要求的基本健康和安全要求。

3.1 安装单位应向其选择的某一公告机构提出最终检验申请,并向公告机构提供下列文件:

(a) 整机实施方案;

(b) 最终检验所需的方案和图表,特别是控制电路图;

(c) 附录 I 中 6.2 所述的说明书副本;

(d) 未向任何其他公告机构提交相同申请的书面声明。

在对电梯的符合性进行验证时,公告机构可以要求不提供详细方案或精确信息。应进行协调标准中相关的检查和测试或对等测试,确认电梯是否符合附录 I 所要求的基本健康和安全要求。

3.2 检查应至少包括以下两种情况之一:

(a) 根据 3.1 所述的文件,检查电梯是否符合附录 IV 的 B 部分所述 EU 型式试验证书许可的型式。

(b) 根据 3.1 所述的文件,检查电梯的设计和制造是否符合附录 XI 中已认可的质量体系,如电梯的设计不完全符合协调标准,则须出具 EU 设计检查证书。

3.3 电梯的测试应至少包括以下要求:

(a) 电梯空载和最大载荷运行,确保安全装置(停站、锁紧装置等)正确安装和运行;

(b) 电梯在最大载荷和空载状态下运行,确保断电时安全装置正确动作;

(c) 静载试验,负载等于额定载重量的 1.25 倍。

额定载荷应满足附录Ⅰ第 5 条的要求。

在进行这些测试之后,公告机构应检查是否发生了可能影响电梯使用的形变或质变。

4. 电梯如符合附录Ⅰ中的基本健康和安全要求,公告机构应当依照本指令第 18 条和第 19 条的规定在 CE 标识旁附加或者张贴其识别号,并出具表明完成检查和测试的最终检验证书。

公告机构应填写附录Ⅰ中 6.2 所述的日志。

如公告机构拒绝签发最终检验证书,则应当说明拒绝的详细理由,并说明应当采取必要的纠正措施。如安装单位再次申请最终检验,则应向同一家公告机构提出申请。

5. CE 标识与 EU 合格声明

5.1 安装单位应在符合本指令基本健康和安全要求的电梯轿厢内张贴 CE 标识,同时,根据 3.1 中的公告机构的责任,该机构的识别号应紧邻每台电梯内的 CE 标识。

5.2 安装单位应为每台电梯出具一份书面的 EU 合格声明,并在电梯投放市场后 10 年内将 EU 合格声明和最终检验证书的副本交予国家机构。同时应根据有关机构的要求提供 EU 合格声明副本。

6. 委员会和各成员国可要求获取最终检验证书的副本。

7. 代理商可根据授权规定,履行安装单位的第 3.1 条和第 5 条所述的义务。

附录Ⅵ 基于电梯安全部件质量保证的型式符合性(module E)

1. 基于电梯安全部件质量保证的型式符合性是合格评定程序的一部分,公告机构以此来评估制造单位的质量体系,以确保电梯安全部件的制造和监控与 EU 型式试验证书中的型式相符,并符合附录Ⅰ中的相关要求。

2. 制造单位应按照经过认可的质量体系的要求完成第 3 条所述的对电梯安全部件进行最终检验和测试,并按照第 4 条的规定实施监督。

3. 质量体系。

3.1 制造单位应选择某一公告机构对电梯安全部件的质量体系提出评估申请。申请书应包括下列内容:

(a) 制造单位的名称和地址,如申请是由代理商提出的,也需注明其名称和地址;

(b) 未向任何其他公告机构提交相同申请的书面声明;

(c) 对电梯安全部件进行最终检验及测试所在地；

(d) 所有有关电梯安全部件的资料；

(e) 质量体系有关文件；

(f) 经许可的电梯安全部件的技术文件及 EU 型式试验证书副本。

3.2 根据质量体系的要求，电梯的每一个安全部件都应按照相关的协调标准进行检验或者进行对等的测试，以确保其满足第 1 条所述的条件。制造单位采用的所有原理、要求和规定应系统有序地编制成册，涉及的文件包括政策、程序和说明文件。本质量体系文件应对质量计划、方案、手册和记录做出一致的解释。

该文件应包括以下内容：

(a) 质量目标；

(b) 产品质量管理的组织机构、职责和权限；

(c) 制造后进行的检验和测试；

(d) 监控质量体系有效运行的方案；

(e) 质量记录，如检验报告和测试数据、校准数据、有关人员资格报告等。

3.3 公告机构应评估质量体系，确定其是否满足 3.2 所述的要求。公告机构应推断质量体系的原理是否符合相关协调标准的规格。

除具备质量管理体系的经验外，审核小组至少应有一名成员具备有关电梯技术的评估经验，并了解附录 I 所述的基本健康和安全要求。

审核应包括对制造单位厂房的评估。

审核小组应审查第 3.1(f) 条所述的技术文件，以确认制造单位是否有能力满足本指令的有关要求，并进行必要的检查，以确保电梯安全部件符合相关要求。

评估结果应通知制造单位。通知内容应包括审查结论和理由充分的评估结果。

3.4 制造单位应履行经认可的质量体系的义务，并保持其有效。

3.5 制造单位或其代理商应将质量体系预期的变更内容告知认证质量体系的公告机构。公告机构应对提出的变更内容进行评估，并决定变更后的质量体系是否继续满足 3.2 所述的要求，或是否需要重新评估。评估结果应通知制造单位。通知内容应包括审查结论和理由充分的评估结果。

4. 公告机构的监督责任。

4.1 监督的目的是确保制造单位充分履行经认可的质量体系。

4.2 当以评估为目的时，制造单位应允许公告机构进入最终检验、测试以及存储地点，并应向其提供所有必要的信息，特别是：

(a) 质量体系文件；

(b) 技术文件；

(c) 质量记录,如检验报告和测试数据、校准数据、有关人员资格的报告。

4.3 公告机构应定期进行审核,确保制造单位持续应用质量体系,并向制造单位出具审核报告。

4.4 此外,公告机构还可对制造单位进行实地抽查,实地现场为电梯安全部件最终检验和测试的地方。在进行此类抽查时,公告机构可在必要时进行测试,以检查质量体系是否正常运行。公告机构应向制造单位提供一份抽查报告,如果进行了测试,还应提供一份测试报告。

5. CE 标识与 EU 合格声明。

5.1 制造单位应根据 3.1 所述的公告机构责任的要求,为符合上述第 1 条要求的每个电梯安全部件张贴 CE 标识和识别号。

5.2 制造单位应为每个电梯安全部件出具一份书面的 EU 合格声明,并在电梯安全部件投放市场后的 10 年内,将该声明的副本交由国家机构处理。EU 合格声明应确定声明中的电梯安全部件。

6. 制造单位应在电梯安全部件投放市场后的 10 年内,将下列资料交由国家机构管理:

(a) 3.1(f)所述的技术文件;

(b) 3.1(e)所述的文件;

(c) 3.5 所述的变更信息;

(d) 3.5、4.3 和 4.4 中涉及的由公告机构出具的结论和报告。

7. 各公告机构应将已发布或撤回的质量体系批准结果通知发出公告的机构,并应定期或应要求向发出公告的机构提供被拒绝、中止或以其他方式限制的批准结果清单。

各公告机构应当将其拒绝、中止或者撤销的质量体系批准决定,以及经请求做出的批准决定,一同通知其他公告机构。

根据要求,公告机构应向委员会和各成员国提供已发布的质量体系批准决定副本。

8. 代理商可根据授权约定履行 3.1、3.5、5 和 6 中制造单位的义务。

附录Ⅶ 基于电梯安全部件全面质量保证的符合性(module H)

1. 基于电梯安全部件全面质量保证的符合性是合格评定程序的一部分,公告机构以此来评估制造单位的质量体系,以确保电梯安全部件的设计、制造、检验和测试符合附录Ⅰ中的相关要求,同时还要确保由其组成的电梯符合相关要求。

2. 制造单位应按照经过认可的质量体系的要求完成第 3 条所述的对电梯安全部件的设计、制造、最终检验和测试,并按照第 4 条的规定实施监督。

3. 质量体系。

3.1 制造单位应选择某一公告机构对其质量体系提出评估申请。申请书应包括下列内容：

（a）制造单位的名称和地址，如申请是由代理商提出的，也需注明其名称和地址；

（b）电梯安全部件的设计、制造、检验和测试地址；

（c）制造电梯安全部件的所有相关信息；

（d）针对制造的电梯安全部件每个类别的每个型式，附录Ⅳ中A部分的第3条所述的技术文件；

（e）质量体系文件；

（f）未向任何其他公告机构提交相同申请的书面声明。

3.2 质量体系的运行应确保电梯安全部件符合第1条所述的条件，制造单位采用的所有原理、要求和规定应系统有序地编制成册，涉及的文件包括政策、程序和说明文件。本质量体系文件应对质量计划、方案、手册和记录做出一致的解释。

该文件应包括以下内容：

（a）质量目标，产品质量管理和设计的组织机构、职责和权限；

（b）技术设计规格，包括应用的标准，如相关的协调标准不适用或者不完全适用，则还应包括其他相关的技术设计规格所对应的方法，该方法确保满足第1条所述的要求；

（c）设计控制和设计验证技术、设计电梯安全部件采用的过程和系统行为；

（d）制造、质量控制和质量保证技术、采用的过程和系统行为；

（e）制造前、制造中和制造后实施的检查与测试及其检查与测试频率；

（f）质量记录，如检验报告和测试数据、校准数据、有关人员资格报告等；

（g）为实现必要的设计、产品质量及质量体系的有效运行而实施的监控方案。

3.3 公告机构应评估质量体系，确定其是否满足3.2所述的要求。公告机构应推断质量体系的原理是否符合相关协调标准的规格。

除具备质量管理体系的经验外，审核小组至少应有一名成员具备有关电梯技术的评估经验，并了解附录Ⅰ所述的基本健康和安全要求。审核应包括对制造单位厂房的评估。

审核小组应审查3.1(f)所述的技术文件，以确认制造单位是否有能力符合本指令的有关要求，并进行必要的检查，以确保电梯安全部件符合相关要求。

评估结果应通知制造单位，或者通知其代理商（如有）。通知内容应包括审查结论和理由充分的评估结果。

3.4 制造单位应履行经认可的质量体系的义务，并保持其有效。

3.5 制造单位应将质量体系预期的变更内容告知认证质量体系的公告机构。公告机构应对提出的变更内容进行评估，并决定变更后的质量体系是否继续满足3.2所述的要求，或是否需要重新评估。评估结果应通知制造单位。通知内容应包括审查结论和理由充分的评估结果。

4. 公告机构的监督责任。

4.1 监督的目的是确保制造单位充分履行经认可的质量体系。

4.2 当以评估为目的时,制造单位应允许公告机构进入设计、制造、检验和测试以及存储地点,并应向其提供所有必要的信息,特别是:

(a) 质量体系文件;

(b) 用于质量体系设计方面的质量记录,如分析、计算和测试结果;

(c) 制造电梯安全部件的技术文件;

(d) 全面质量体系制造部分的质量记录,如检验报告和测试数据、校准数据、有关人员资格的报告。

4.3 公告机构应定期进行审核,确保制造单位持续应用质量体系,并向制造单位出具审核报告。

4.4 此外,公告机构还可对制造单位进行实地抽查。在进行此类抽查时,公告机构可在必要时进行测试,以检查质量体系是否正常运行。公告机构应向制造单位提供一份抽查报告,如果进行了测试,还应提供一份测试报告。

5. CE 标识与 EU 合格声明。

5.1 制造单位应根据 3.1 所述的公告机构责任的要求,为符合第 1 条要求的每个电梯安全部件张贴 CE 标识和识别号。

5.2 制造单位应为每个电梯安全部件出具一份书面的 EU 合格声明,并在电梯安全部件投放市场后的 10 年内,将该声明的副本交由国家机构处理。EU 合格声明应确定声明中的电梯安全部件。

6. 制造单位应在电梯安全部件投放市场后的 10 年内,将下列资料交由国家机构管理:

(a) 3.1(d) 所述的技术文件;

(b) 3.1(e) 所述的文件;

(c) 3.5 所述的变更信息;

(d) 3.5、4.3 和 4.4 中涉及的由公告机构出具的结论和报告。

7. 各公告机构应将已发布或撤回的质量体系批准结果通知发出公告的机构,并应定期或应要求向发出公告的机构提供被拒绝、中止或以其他方式限制的批准结果清单。

各公告机构应当将其拒绝、中止或者撤销的质量体系批准决定,以及经请求做出的批准决定,一同通知其他公告机构。

根据要求,公告机构应向委员会和各成员国提供已发布的质量体系批准决定副本。

公告机构应当自发布之日起的 15 年内保存已发布的批准决定及其附录、补充文件和技术文件的副本。

8. 代理商可根据授权约定履行 3.1、3.5、5 和 6 中制造单位的义务。

附录Ⅷ　电梯单元验证的符合性(module G)

1. 电梯单元验证的符合性为合格评定程序的一部分,公告机构以此来评估电梯是否符合附录Ⅰ所述的基本健康和安全要求。

2. 安装单位的义务。

2.1 安装单位应采取一切必要措施,通过制造过程及自监测确保电梯符合附录Ⅰ所述的基本健康和安全要求。

2.2 安装单位应选择某一公告机构申请单元验证。

申请书包括以下内容：

(a) 安装单位的名称和地址,如申请是由代理商提出的,则提供该代理商的名称和地址；

(b) 安装位置；

(c) 未向其他任何公告机构提交相同申请的书面声明；

(d) 技术文件。

3. 技术文件应评估电梯符合附录Ⅰ所述的基本健康和安全要求。

技术文件应至少包括下列内容：

(a) 对电梯的基本描述；

(b) 用于设计和制造的图纸与图表；

(c) 图纸、图表以及电梯操作的说明书；

(d) 符合基本健康和安全要求的清单；

(e) 全部适用或部分适用的协调标准(已在欧盟官方期刊中刊登)及不适用的协调标准一览表,为使电梯满足指令的基本健康和安全要求而采取的解决方案,包括适用的其他有关技术规格,对于部分适用协调标准的,技术文件应当注明适用的部分；

(f) 电梯安全部件的 EU 型式试验证书的副本；

(g) 由安装单位或为安装单位进行设计的计算结论；

(h) 测试报告；

(i) 附录Ⅰ中 6.2 所述说明书的副本。

4. 验证方式。

安装单位选择的公告机构应检查技术文件及电梯,并按照有关的协调标准进行适当的测试或对等测试,检查是否符合附录Ⅰ所述的基本健康和安全要求。该测试应至少包括附录Ⅴ中 3.3 所述的项目。

如电梯符合附录Ⅰ所述的基本健康和安全要求,则公告机构应出具与测试有关的合格证书。

公告机构应填写附录Ⅰ中6.2所述记录的相应页面。

如公告机构拒绝出具合格证书,则应当详细说明拒绝的理由,并说明应当采取的必要纠正措施。当安装单位重新申请单元验证时,应向同一公告机构提出申请。

根据要求,公告机构应向委员会和各成员国提供合格证书的副本。

5. CE 标识和 EU 合格声明。

5.1 安装单位应在符合本指令的基本健康和安全要求的电梯轿厢内张贴 CE 标识,根据2.2所述的公告机构的责任,该公告机构的识别号应与每台电梯内的 CE 标识相邻。

5.2 安装单位应给每台电梯出具一份 EU 合格声明,并在电梯投放市场后的10年内,将 EU 合格声明副本交由国家机构处理。同时根据有关机构的要求提供 EU 合格声明副本。

6. 安装单位应随技术文件一起保存合格证书副本,自电梯投放市场之日起的10年内,供国家机构使用。

7. 代理商可根据授权约定履行2.2和6中所述安装单位的义务。

附录Ⅸ 针对电梯安全部件的型式符合性进行的随机抽查(module C2)

1. 针对电梯安全部件的型式符合性进行的随机抽查是电梯合格评定程序的一部分,公告机构以此确认电梯安全部件符合 EU 型式试验证书所认可的型式和附录Ⅰ的要求,同时由其组成的电梯也符合相关要求。

2. 制造单位应采取一切必要措施,通过制造过程及其监控确保制造的电梯安全部件符合第1条所述的要求。

3. 制造单位应选择某一公告机构提出随机抽查的申请。

申请书应包括以下内容:

(a) 制造单位的名称及地址,如申请是由代理商提出的,则注明其名称及地址;

(b) 没有向任何其他公告机构提交相同申请的书面声明;

(c) 所有关于电梯安全部件制造的资料;

(d) 可用于抽取电梯安全部件样本的地址。

4. 公告机构应不定期对电梯安全部件进行抽查。公告机构应在现场抽取足够多的电梯安全部件样本,依据相关协调标准或其他相关的技术规范对其进行检验或测试,以确认电梯安全部件是否符合第1条的要求。如被检查的一个或多个电梯安全部件不符合规定,公告机构应当采取适当措施。

按照电梯安全部件的基本特征,检查电梯安全部件时需进行的项目由负责本程序的所有公告机构联合制定。

公告机构应当就其检查和测试的型式出具合格证书。

按照要求,公告机构应向委员会和各成员国提供合格证书副本。

5. CE 标识和 EU 合格声明。

5.1 制造单位应张贴 CE 标识以及符合第 1 条所述的每一个电梯安全部件的识别号(根据第 3 条中公告机构的责任)。

5.2 制造单位应给每一个电梯安全部件出具一份书面的 EU 合格声明,并在电梯安全部件投放市场后的 10 年内,将该声明副本交由国家机构处理。EU 合格声明应与声明的电梯安全部件相符。

6. 代理商可根据授权约定履行除第 2 条以外的制造单位的义务。

附录X 基于电梯产品质量保证的型式符合性(module E)

1. 基于电梯产品质量保证的型式符合性是合格评定程序的一部分,公告机构通过该程序对安装单位的产品质量体系进行评估,确保电梯符合 EU 型式试验证书上的型式,或者确保电梯设计和制造的全面质量体系符合附录XI的要求,同时还应满足附录I所述的基本健康和安全要求。

2. 安装单位的责任。

安装人员应采用经许可的质量体系按照第 3 条的规定对电梯进行最终检验和测试,并接受第 4 条中规定的监督。

3. 质量体系。

3.1 安装单位应选择某一公告机构就有关电梯的质量体系提出评估申请。

申请书应包括以下内容:

(a) 安装单位的名称和地址,如申请是由代理商提出的,则提供代理商的名称和地址;

(b) 所有与电梯安装有关的资料;

(c) 质量体系文件;

(d) 安装电梯的技术文件;

(e) 未向任何其他公告机构提交相同申请的书面声明。

3.2 在质量体系下,每台电梯均应按有关协调标准接受检验和测试,或者接受对等测试,确保其符合附录I所述的基本健康和安全要求。

安装单位采用的所有原理、要求和规定应系统有序地编制成册,涉及的文件包括政策、程序和说明文件。本质量体系文件应对质量计划、方案、手册和质量记录做出一致的解释。

质量体系应包括以下内容:

(a) 质量目标;

（b）产品质量管理的组织结构、职责和权利；

（c）投放市场前进行的检查和测试，至少包括附录Ⅴ中3.3所述的测试；

（d）监控质量体系有效实施的方案；

（e）质量记录，如检验报告和试验数据、校准数据、有关人员资格报告等。

3.3 公告机构应评估质量体系，确定其是否满足3.2所述的要求。公告机构应推断质量体系是否符合相关协调标准的相应规范。

审核小组至少应有一名成员具备有关电梯技术的评估经验，并了解附录Ⅰ所述的基本健康和安全要求。审核应包括对安装单位厂房的评估。

评估结果应通知安装单位。通知内容应包括审查结论和理由充分的评估结果。

3.4 安装单位有保证履行经批准的质量体系的义务，并保证其完整和有效。

3.4.1 安装单位应将任何变更内容及时告知批准质量体系的公告机构。

3.4.2 公告机构应评估提出的变更内容，并决定修改后的质量体系是否继续满足3.2所述的要求或是否需要重新评估。

公告机构应将评估结论和内容告知安装单位，如有需要，同时通知其代理商。通知内容应包括审查结论和理由充分的评估结果。

公告机构应当在CE标识旁边张贴识别号。

4. 公告机构的监督。

4.1 监督的目的是确保安装单位履行经许可的质量体系。

4.2 安装单位应根据评估要求，允许公告机构进入安装、检验和检测地点，并应向其提供所有必要的信息，特别是：

（a）质量体系文件；

（b）技术文件；

（c）质量记录，如检验报告和试验数据、校准数据、有关人员资格报告等。

4.3 公告机构应定期进行审核，以确保安装单位实施质量体系，并应向安装单位提供审核报告。

4.4 此外，公告机构可随机抽查电梯安装地点。在进行抽查时，公告机构可根据实际情况进行测试，以检查质量体系的实施和电梯的运行情况，并应向安装单位提供抽查报告，如已经进行了检测，还应提供检测报告。

5. 安装单位应在最后一台电梯投放市场后的10年内将下列资料交由国家机构管理：

（a）3.1(c)所述的文件；

（b）3.1(d)所述的技术文件；

（c）3.4.1所述的变更信息；

（d）3.4.2、4.3和4.4所述的公告机构出具的结论及报告。

6. 各公告机构应将已发布或撤回的质量体系批准决定通知发出公告的机构,并定期或根据要求向发出公告的机构提供质量体系的批准决定、拒绝、中止或以其他方式限制的清单。

各公告机构应当将其拒绝、中止或者撤销的质量体系批准决定,以及经请求已做出的批准决定,通知其他公告机构。

根据要求,公告机构应向委员会和各成员国提供已出具的质量体系批准决定副本。

7. CE 标识和 EU 合格声明。

7.1 安装单位应在符合本指令中基本健康及安全要求的电梯轿厢内张贴 CE 标识,在与 CE 标识相邻的位置还应张贴 3.1 所述的公告机构的识别号。

7.2 安装单位应给每台电梯出具一份书面的 EU 合格声明,并在电梯投放市场后的 10 年内将 EU 合格声明副本交由国家机构处理,并根据要求向有关机构提供一份 EU 合格声明的副本。

8. 代理商可根据授权约定,履行 3.1、3.4.1、5 和 7 所述安装单位的义务。

附录 XI 电梯全面质量保证和设计检查的符合性(module H1)

1. 电梯全面质量保证和设计检查的符合性是合格评定程序的一部分,公告机构以此评估安装单位的质量体系和电梯的设计(如有)是否满足附录 I 所述的基本健康和安全要求。

2. 安装单位的责任。

安装单位应根据第 3 条的规定,按照经许可的质量体系对电梯进行设计、制造、安装、最终检验和测试,同时接受第 4 条所述的监督。电梯技术设计的合理性应根据 3.3 进行检查。

3. 质量体系。

3.1 安装单位应向其选择的某一公告机构提出评估质量体系的申请。

申请书应包括以下内容:

(a) 安装单位的名称及地址,如申请是由代理商提出的,则提供其名称及地址;

(b) 安装电梯的所有有关资料,特别是关于电梯的设计及运行之间关系的资料;

(c) 质量体系文件;

(d) 附录Ⅳ中 B 部分第 3 条所述的技术文件;

(e) 未向任何其他公告机构提交相同申请的书面声明。

3.2 质量体系应确保电梯符合附录 I 所述的基本健康和安全要求。安装单位采用的所有原理、要求和规定应系统有序地编制成册,涉及的文件包括政策、程序和说明文件。本质量体系文件应对质量计划、方案、手册和质量记录做出一致的解释。

质量体系应包括以下内容：

（a）质量目标,产品质量管理和设计的组织机构、职责和权限；

（b）技术设计规格,包括应用的标准,如相关的协调标准不适用或者不完全适用,则还包括其他相关的技术设计规格所对应的方法,并确保该方法满足第1条所述的要求；

（c）设计控制和设计验证技术、设计电梯采用的过程和系统行为；

（d）对材料、部件和组件进行验收而实施的检查和测试；

（e）组装、安装、质量控制和质量保证技术、采用的过程和系统行为；

（f）在安装前（对安装条件的检查：井道、机器空间等）、安装期间和安装后进行的检验和试验（至少包括附录Ⅴ中3.3所述的试验）；

（g）质量记录,如检验报告和试验数据、校准数据、有关人员资格的报告；

（h）实现所需的设计、产品质量和有效运转的质量体系而采取的监控方式。

3.3 设计检查。

3.3.1 当设计不完全符合协调标准时,公告机构应确认设计是否符合附录Ⅰ所述的基本健康和安全要求,如符合,则向安装单位出具EU设计检查证书,并注明证书有效期和提供经许可的设计的详细资料。

3.3.2 如果设计不符合附录Ⅰ所述的基本健康和安全要求,则公告机构应拒绝出具EU设计检查证书,应同时通知安装单位,并说明拒绝的详细理由。

当公告机构获知一般公认技术发生改变导致经批准的设计可能不再符合附录Ⅰ中基本健康和安全要求时,公告机构应确定这些变化是否需要进一步调查。如果是,公告机构应相应地告知安装单位。

3.3.3 安装单位对已许可的设计进行修改,并可能影响其符合附录Ⅰ中基本健康和安全要求或证书的有效性条件时,应告知出具EU设计检查证书的公告机构。此类修改应在EU设计检查证书原件的基础上获得原公告机构的额外批准。

3.3.4 各公告机构应将其已出具或撤销的EU设计检查证书或增加的内容告知发出公告的机构,并应定期或根据要求向发出公告的机构提供任何被拒绝、中止或以其他方式受限制的EU设计检查证书和附加内容。

各公告机构应将其拒绝、撤销、中止或以其他方式限制的EU设计检查证书和任何增加内容通知其他公告机构。

欧洲委员会、成员国及其他公告机构可根据要求获取EU设计检查证书副本和增加的内容。经要求,委员会和各成员国可获取一份技术文件副本和由公告机构实施检查的结论的副本。

3.3.5 安装单位应在电梯投放市场后的10年内,将EU设计检查证书的副本及其附录和附加文件连同技术文件一起提供给国家机构使用。

3.4 质量体系评估。

公告机构应评估质量体系,以确定其是否满足3.2所述的要求。公告机构应推断质量体系是否符合这些要求,是否符合相关协调标准的规范。

审核小组至少应有一名成员具备有关电梯技术的评估经验,并了解附录Ⅰ所述的基本健康和安全要求。审核应包括对安装单位厂房的评估。

审核小组应审查3.1(d)所述的技术文件,以确认安装单位是否有能力符合附录Ⅰ所述的基本健康和安全要求,并进行必要的检查,以确保电梯安全部件符合相关要求。

评估结果应通知安装单位,通知内容应包括审查结论和理由充分的评估结果。

3.5 安装单位应履行经许可的质量体系的义务,并对其有效实施。

安装单位应将任何对质量体系的变更内容告知评审质量体系的公告机构。

公告机构应对修改的内容进行评估,并确定修改后的质量体系是否继续满足3.2所述的要求或是否需要重新评估。

公告机构应将其决定通知安装单位,或通知其代理商(如有)。通知应包括评估结论和理由充分的评估决定。

公告机构应当在CE标识旁张贴识别号。

4. 公告机构的监督责任。

4.1 监督的目的是确保安装单位履行经许可的质量体系。

4.2 为便于评估,安装单位应允许公告机构进入设计、制造、组装、安装、检验、测试和存储地点,并应向其提供所有必要的信息,特别是:

(a) 质量体系文件;

(b) 用于质量体系设计方面的质量记录,如分析、计算和测试结果;

(c) 全部质量体系制造部分的质量记录,如检验报告和测试数据、校准数据、有关人员资格的报告。

4.3 公告机构应定期进行审核,以确保安装单位实施质量体系,并应向安装单位提供审核报告。

4.4 此外,公告机构可随机抽查电梯安装单位的场所或电梯安装地点。在进行抽查时,公告机构可根据实际情况进行测试,以检查质量体系的实施和电梯的运行情况,并应向安装单位提供抽查报告,如已经进行了检测,还应提供检测报告。

5. 安装单位应在电梯投放市场后的10年内,将下列资料交由国家机构管理:

(a) 3.1(c)所述的文件;

(b) 3.1(d)所述的技术文件;

(c) 3.5 所述的变更信息;

(d) 3.5、4.3 及 4.4 中由公告机构出具的决定及报告。

6. 各公告机构应将已发布或撤销的全部质量体系批准决定通知发出公告的机构,并应定期或根据要求向发出公告的机构提供被拒绝、中止或以其他方式限制的批准决定清单。

各公告机构应当将其拒绝、中止或者撤销的质量体系批准决定通知其他公告机构,并根据要求告知已做出的批准决定。

公告机构应当自发布之日起的 15 年内保存已发布的批准决定及其附录、补充文件和技术文件的副本。

根据要求,公告机构应向委员会和各成员国提供已发布的质量体系批准决定的副本。

7. CE 标识和 EU 合格声明。

7.1 安装单位应在符合本指令基本健康和安全要求的电梯轿厢内张贴 CE 标识,在与 CE 标识相邻的位置还应张贴 3.1 所述的公告机构的识别号。

7.2 安装单位应为每台电梯出具一份书面的 EU 合格声明,并在电梯投放市场后的 10 年内,将 EU 合格声明副本交由国家机构管理,并根据要求向有关机构提供一份 EU 合格声明的副本。

8. 代理商可根据授权履行 3.1、3.3.3、3.3.5、5 和 7 所述安装单位的责任。

附录XII 基于电梯产品质量保证的型式符合性(module D)

1. 基于电梯产品质量保证的型式符合性是合格评定程序的一部分,公告机构对安装单位产品质量体系进行评估,目的在于保证安装的电梯符合 EU 型式试验证书所述的型式,或电梯设计和制造依据的质量体系符合附录XI的要求,并满足附录Ⅰ中基本健康和安全要求。

2. 安装单位的责任。

安装单位应根据第 3 条的规定,按照经许可的质量体系对电梯进行制造、组装、安装、最终检验和测试,同时接受第 4 条所述的监督。

3. 质量体系。

3.1 安装单位应向其选择的某一公告机构提出评估质量体系的申请。

申请书应包括以下内容:

(a) 安装单位的名称及地址,如申请是由代理商提出的,则提供其名称及地址;

(b) 安装电梯的所有有关资料;

(c) 质量体系文件;

(d) 安装电梯的技术文件;

(e) 未向任何其他公告机构提交相同申请的书面声明。

3.2 质量体系应确保电梯符合附录Ⅰ所述的基本健康和安全要求。安装单位采用的所有原理、要求和规定应系统有序地编制成册,涉及的文件包括政策、程序和说明文件。本质量体系文件应对质量计划、方案、手册和记录做出一致的解释。

质量体系应包括以下内容:
(a) 质量目标,产品质量管理的组织机构、职责和权限;
(b) 制造、质量控制和质量保证技术,采用的过程和系统行为;
(c) 在安装前、安装期间和安装后进行的检验和测试;
(d) 质量记录,如检验报告和试验数据、校准数据、有关人员资格的报告;
(e) 实现所需的设计、产品质量和有效运转的质量体系而采取的监控方式。

3.3 合格评定机构应评估质量体系,以确定其是否满足 3.2 中的要求,并判定质量体系的原理是否符合相关协调标准的规范。

审核小组至少应有一名成员具备有关电梯技术的评估经验,并了解附录 I 所述的基本健康和安全要求。审核应包括对安装单位厂房的评估。

评估结果应通知安装单位,通知内容应包括审查结论和理由充分的评估结果。

3.4 安装单位应履行经许可的质量体系的义务,并对其有效实施。

3.4.1 安装单位应将任何对质量体系的变更内容告知评审质量体系的公告机构。

3.4.2 公告机构应对修改的内容进行评估,并确定修改后的质量体系是否继续满足 3.2 所述的要求或是否需要重新评估。

公告机构应将其决定通知安装单位,或通知其代理商(如有),通知应当包括评估结论和理由充分的评估决定。

公告机构应当在 CE 标识旁张贴识别号。

4. 公告机构的监督责任。

4.1 监督的目的是确保安装单位履行经批准的质量体系。

4.2 为便于评估,安装单位应允许公告机构进入制造、组装、安装、检验、测试和存储地点,并应向其提供所有必要的信息,特别是:
(a) 质量体系文件;
(b) 技术文件;
(c) 质量记录,如检验报告和测试数据、校准数据、有关人员资格的报告。

4.3 公告机构应定期进行审核,以确保安装单位维持和运用质量体系,并应向安装单位提供审核报告。

4.4 此外,公告机构可随机抽查电梯安装单位。在进行抽查时,公告机构可根据实际情况进行测试,以检查质量体系是否正常运行,并应向安装单位提供抽查报告,如已经进行了检测,还应提供检测报告。

5. 安装单位应在电梯投放市场后的 10 年内,将下列资料交由国家机构管理:

(a) 3.1(c)所述的文件;

(b) 3.1(d)所述的技术文件;

(c) 3.4.1 所述的变更信息;

(d) 3.4.2、4.3 及 4.4 中由公告机构出具的决定及报告。

6. 各公告机构应将已发布或撤销的质量体系批准决定通知发出公告的机构,并应定期或根据要求向发出公告的机构提供被拒绝、中止或以其他方式限制的批准决定清单。

各公告机构应当将其拒绝、中止或者撤销的质量体系批准决定通知其他公告机构,并根据要求告知已做出的批准决定。

根据要求,公告机构应向委员会和各成员国提供已发布的质量体系批准决定的副本。

7. CE 标识与 EU 合格声明。

7.1 安装单位应在符合本指令基本健康和安全要求的电梯轿厢内张贴 CE 标识,根据 3.1 中的公告机构的责任,该机构的识别号应紧邻每台电梯内的 CE 标记。

7.2 安装单位应为每台电梯出具一份书面的 EU 合格声明,并在电梯投放市场后的 10 年内将 EU 合格声明和最终检验证书的副本交予国家机构管理。同时应根据有关机构的要求提供 EU 合格声明副本。

8. 代理商可根据授权履行 3.1、3.4.1、5 和 7 所述的安装单位的责任。

第五节 电梯检验和测试

和中国一样,波兰电梯在投入使用前须强制检验。在波兰需检验的技术设备涵盖我国的特种设备种类,需检验的机电类设备还涵盖残疾人专用移动设备、可移动升降平台等。截止到2019年12月,波兰需检验的技术设备超过100万台。波兰议会制定法案规定,对普通场所技术设备的检验由波兰技术检验办公室实施。波兰技术检验办公室是波兰境内唯一一家普通场所技术设备检验机构,拥有100多年的历史,致力于确保技术设备安全使用,其主要任务是根据波兰相关法律法规对技术设备进行合格评定、产品认证,对人员进行资格评审、培训等,并对其进行安全和失效分析等。

技术设备经检验合格后才可以投入使用。波兰技术检验办公室授予的检验合格标志如图2-9所示。技术设备检验机构的检验员在业主或业主的授权人员在场时进行检验。为了有效地实施检验,检验时业主有义务确保检验现场的安全。

图2-9 波兰技术检验办公室授予的检验合格标志

波兰技术检验办公室的分支机构分管波兰境内的电梯检验工作,申请电梯检验就近向电梯所属区域相应的分支机构申请即可。

电梯检验员在执行技术检查活动时,应遵守业主的内部规定,有义务服从使用单位的安全和健康要求。

检验员检验涉及警察、边防警卫、消防部门、国内安全局、情报机构和中央反腐败局等场所时,有权获得与电梯相关的保密信息。

电梯检验员有权实施以下活动:

(1)出示授权证件和服务证明后,进入设备所在的场所和设施;

(2)在这些场所内自由移动,另有规定的除外;

(3)接近技术设备;

(4)要求业主提供必要的信息,并提供必要的文件和测试结果;

（5）在约定日期开展研究、试验、测量和其他活动；

（6）提出技术建议。

当条件不利于检验时，检验员有权中止检验，中止检验的条件如下：

（1）待检设备准备不足；

（2）不适当的照明或气体导致能见度低；

（3）在工作环境中存在超过允许浓度的有害物质，或超过允许的低温和高温限值。

使用单位申请验收检验时需递交申请书（表2-4）、电梯的随机文件和EC符合性声明书。对于安装于使用场所的电梯，其检验类型主要有以下几种：

（1）验收检验。电梯制造完成后在授予使用许可之前，在使用条件准备就绪的情况下完成设备的首次检验。

（2）定期检验。使用过程中对电梯的检查，乘客电梯、载货电梯、自动扶梯和自动人行道的检验周期为1年，杂物电梯的检验周期为3年。

（3）特定检验。电梯主要部件更换、电梯拆除后重新在其他使用场所安装后、事故发生之后或者紧急情况下，根据需要对电梯实施检验。

表2-4 检验申请书

波兰技术检验办公室

分支机构/办公室总部位于

_____

申 请 书

针对检验/信息变更[1)]

第一次授权投入使用之前/特定检验/变更业主/改造后/修理后/定期检验

1. 经营者
   — 姓名：_____
   — NIP：_____
   — PESEL[2)]：_____
   — 总部地址：
     _____
   — 联系方式（电话、传真和电子邮箱）：
     _____
   — 居住地址[3)]：
     _____
   — 委员会成员[4)]：
     _____

2. 申请类型[5]
   — 设备/型号：_____
   — 制造单位：_____
   — 序列号/制造年份/额定载重量[1]：
     _____
   — UDT 的注册号[6]：_____
   — 检验地点：_____

3. 通信地址（如与以上不同）
   _____
   _____

4. 雇员代理人[7]
   — 全名：_____
   — 身份证号、PESEL：_____
   — 联系方式（电话、传真和电子邮箱）：_____

按照经济部发布的《技术检验收费条例》检验需要收取一定的费用。

日期和地点   签名和印章

附件清单：
   — 技术文件的复印件 2 份
   — 注册文件
   — 管理者的信函
   — 其他：_____

适用于自然人

1) 个人数据的管理方位于华沙的波兰技术检验办公室。
2) 可以通过电子邮件（地址：iod@ udt. gov. pl）和网站（www. udt. gov. pl）与数据保护官员联系。
3) 为了完成申请目的，会对个人信息进行处理。
4) 个人信息的接收适用于一般法律。
5) 个人信息将在法律规定的期限内处理。
6) 您有权访问您的数据，并有权更正、删除、限制处理、传输数据（如果适用）。此外，您有权随时撤回意见，这不会影响文件在撤回之前的合法性。
7) 如果您认为处理有关您的个人数据违反了欧洲议会和理事会 2016 年 4 月 27 日《关于保护自然人的规定》，则您有权向个人数据保护办公室主席投诉。处理个人数据、允许其自由移动并废除第 95/46／EC 号指令（2016 年 5 月 4 日欧盟 L 119 官方公报）。
8) 提供个人数据是强制性的，并且是出于对公共利益的考虑而执行。

了解这些内容
☐ 是   ☐ 否

检验申请书的附件

1. 内容 标星内容必须填写					
电梯信息						
名称	描述		信息	单位
	UDT 注册号			
	型号 *)			
	制造年份 *)			
	序列号 *)			
	制造单位 *)			
类型	类型	311：私人电梯 312：客货电梯 315：货梯 316：杂物电梯 318：施工电梯 319：施工升降机		
层站	层站 *)			
驱动类型	驱动类型	1：电力驱动 2：双速电力驱动 3：电力调速 4：液压		
传动方式	传动方式	1：钢丝绳 2：链条 3：液压 4：螺杆 5：齿轮齿条 6：混合型 7：其他		
S	控制方式	1：外部 2：内部 3：信号控制 4：集选 5：群控 6：并联 7：其他		
UDŹWIG	额定载重量 *)			kg
PRZEDK	名义速度 *)			m/s

续表

WYS	提升高度*)		m
W	运行		
UM	机房位置	1：上部 2：侧面 3：底部 4：无机房	
RW	绞盘式	1：卷筒 2：摩擦 3：鼓式摩擦 4：链条 5：其他	
RDP	层门类型	1：手动 2：半自动 3：自动	
TYPWCIAG	绞盘		
TZBDP	门锁型式		

检验员检验时，电梯维保人员和使用单位的相关人员须在场。检验员须在现场完成检验原始记录，业主或者其授权人员在检验报告上签字，同时须复印一份交由使用单位保存。

检验申请可以就近前往波兰技术检验办公室或其分支机构，也可以通过网络（eUDT）申请。通过 eUDT 网站可以轻松、快速、安全地访问已经注册登记的技术设备，进入该平台可以查阅设备的检验检测日期、交费等信息。用户可以通过该平台设置用户的事件日历，还可以设置设备到期预警功能。该平台可以显示和下载 UDT 的检验报告等技术文档，有疑问的可以在线联系客服，客服会及时答疑解惑。

检验费参考波兰经济部 2016 年 4 月 19 日发布的《技术检验收费条例》，电梯检验收费一览表如表 2-5 所示。

表 2-5　电梯检验收费一览表

电梯类型	电梯使用时间	检验收费/兹罗提
客梯或客货梯	不大于 2 年	520
	2（不含 2 年）至 6 年	650
	6（不含 6 年）至 12 年	840
	12（不含 12 年）至 20 年	1 050
	再延长 5 年	215

续表

电梯类型	电梯使用时间	检验收费/兹罗提
货梯	不大于2年	498
	2(不含2年)至6年	567
	6(不含6年)至12年	681
	12(不含12年)至20年	894
	再延长5年	150
杂物电梯	不大于2年	480
	2(不含2年)至6年	552
	6(不含6年)至12年	627
	12(不含12年)至20年	732
	再延长5年	118

第六节 电梯从业人员

从事技术设备的检验、安装、修理等作业的相关人员要求持证上岗,他们须经过波兰技术检验办公室、交通运输技术检查机构和军事技术检查机构中任意一家考核认证,且强制其购买工伤事故险。关于技术设备检查操作和维护所需资格证书以及延长资格证书有效期的方法和程序见附2-3。

波兰技术检验办公室根据 PN-EN ISO/IEC 17024:2012《合格评定 对人员进行认证的机构的通用要求》,授权其下属的 UDT-CERT 对人员资格进行评定。波兰技术检验办公室由波兰认可中心认可,认可代码为 AC088,UDT 人员资格评定证书见图2-10。

图2-10 UDT人员资格评定证书

如果人员资格在欧盟成员国内、瑞士联邦或欧洲自由贸易协会的成员国内获得认可,那么这类人员在波兰从事技术设备安装、改造和修理工作无须向波兰技术检验办公室申请,波兰技术检验办公室认可其资质,但是须缴纳171.94兹罗提的印花税。

申请维保资格证书须向波兰技术检验办公室的分支机构申请,证书的申请费为220兹罗提。在欧盟其他国家取得资格证书的维护保养人员在波兰也得到认可。

维保人员的资格考核由考委会组织实施。考试由理论和实践两部分组成。理论考试涉及法规、机械和电气等方面。实践考试重点涉及更换损坏的部件、故障排查、电梯部件的调整等内容。理论考试时间不超过1小时,考委会提出5个问题,其中有3个技术问题、2个基本常识,正确回答1个基本常识问题和2个技术问题即为合格。实践考试时间不超过1小时,实践考试都正确才能判为合格。理论考试不合格不能参加实践考试。考试结束后14天内考委会会公布考试成绩。考生考核合格并满足取证要求后,缴纳考试费,波兰技术检验办公室的分支机构会颁发资格证书,证书由该分支机构签发。

维保人员复证须在证书到期前申请,且申请者在近12个月内须从事证书范围内的工作至少3个月。证书到期后须重新按照取证的要求申请。

如果波兰技术检验办公室发现维保人员未按照技术条件维保电梯,那么其资格证书将会被吊销。

根据《技术检查法》的要求,技术检验办公室的UDT学院负责对特种设备使用人员、作业人员在取证方面进行培训,培训计划中规定了这类人员须达到的最低技能等级要求,如电梯作业人员须熟悉一些电梯最新标准,掌握一些电气和机械知识,最终须通过资格考试才可以上岗。相关人员使用机器时健康和安全方面的最低要求参见第一章附1-3。UDT学院聘用众多行业内的专家作为授课老师,这些授课老师具有扎实的专业实践背景,且热衷于提高特种设备的安全性。授课老师达到400多人,UDT学院根据不同需求提供广泛的标准和培训课程,授课形式有公开式和封闭式两种。通过培训,学生可以更有效地获得知识和技能并通过资格考试,还有机会相互交流信息,相互促进。

每个月UDT学院组织各类特种设备的专场培训有近十几场,内容涉及特种设备的制造、施工、维保、使用、指令、标准、法规等。申请参加培训均可以在波兰技术检验办公室的官方网站上报名。

自2014年起,UDT学院每月都在全国各地组织一些技术设备安全方面的知识培训,涉及人员资质、质量体系、CE认证、事故案例、技术设备的安全使用等内容,如技术设备的维保和操作、CE标识、质量管理、职业卫生与安全管理系统。学员有业主、施工单位、维保单位、负责安全事务的负责人等,培训日被称为"特种设备安全日"。参与这项活动不仅能增长专业知识,还能提高事故分析的能力。检验人员至少要抽出10%的工作时间用于培训和教育。

为了提高授课老师的培训技能,促进行业发展,电梯制造商协会与多所高校开展合作培训,如第28电气学校、华沙电气学院、克拉科夫通信学院、克拉科夫能源学院、波兹南第二电气学校等。电梯制造商协会也定期与迅达电梯公司合作并深入高校对电梯授课老师进行培训,培训内容涉及法规、电气、液压、机械等知识。

附 2-3　关于技术设备检查操作和维护所需资格证书以及延长资格证书有效期的方法和程序

根据 2000 年 12 月 21 日关于技术监督的法案(2019 年《法律杂志》,第 667 项)做出如下规定。

§1 该条例规定以下内容

1. 检查操作和维护技术设备所需资格证书的认证方法和程序。
2. 延长资格证书有效期的方法和程序。
3. 使用和维护技术设备的资格证书模板。
4. 资格证书的有效期。
5. 使用和维护技术设备所需资格证书的申请。
6. 延长资格证书有效期的申请表。
7. 使用和维护技术设备所需的资格证书样本。

§2 关于使用和维护技术设备的资格证书的审查事宜

1. 上述提到的资格证书的审查应以书面或电子形式提交的申请书为首要条件。
2. 申请书需确定使用和维护的某个技术设备,资格证书的范围见本条例附件 3。
3. 资格证书的申请模板见附件 1。

§3 资格证书的认证程序和范围

1. 资格证书的认证程序由至少两人组成的资格委员会来实施。
2. 申请书递交后,应立即将考试日期告知有关人员,从递交申请书之日算起,考试日期不得超过 30 个工作日,有关方要求在指定期限之后的考试除外。有关人员的通知可以通过有效的通信手段进行,包括电子方式。
3. 考试由以下两部分组成:
(1) 理论考试,以纸质或电子形式进行,考试范围由相关要求规定;
(2) 实践考试,考查技术设备的使用或维护技能。
4. 上述实践考试应在确保安全的前提下进行,并要考虑到与技术设备的操作或维护相关的危险因素。

5. 考试事务由技术监督主管机构通过有效的通信手段组织实施，包括电子方式。

6. 考试应记录考查的信息和结果，并由资格委员会的所有成员签署。

§4 考试结果

1. 资格委员会在考试后通知有关人员考试结果。
2. 考试合格是技术监督主管机构颁发资格证书的依据，其模板见本条例附件2。
3. 资格证书涉及某种技术设备，内容见本条例附件3。
4. 如果考试未通过，那么申请人可再次递交申请书。

§5 交费但未参加考试的处理

如果有关人员在计划考试前的3个工作日内以书面或电子形式通知主管技术监督部门的机构在规定的时间内不参加考试，则按照下述方式之一进行处理：

（1）择日考试；

（2）退款。

§6 资格证书有效期

使用和维护需要资格证书的技术设备必须具有通过资格证书确认的资格，资格证书的有效期见本条例附件3。

§7 资格证书有效期的延长

1. 延长资格证书有效期的申请书应以书面或电子形式提交，申请书递交至可以颁发资格证书的部门。
2. 申请书包括一些信息及相应的附件。
3. 资格证书的有效期在满足一定的条件下可以延长。
4. 递交上述申请书后，资格证书有效期的延长时间见附件3，下一个资格证书的有效期应自本延长证书有效期届满之日算起。
5. 资格证书的延长通过颁发新证书来确定，资格证书的模板见本条例附件2。
6. 上述申请模板见附件4。

§8 生效时间

该条例于2019年6月1日开始生效。

附件1 资格证书的申请模板

模板——资格审查申请

人员资格申请书			
使用和操作□		维护保养□	
A 申请书递交途径			
递交至技术监管机构（相应方框内打钩） □技术检验办公室 UDT □交通运输技术检查机构 TDT □军事技术检查机构 WDT			
B 申请人信息			
名字	姓氏	手机	企业名称（如有）
地址	街道	房间号	公寓
邮编	国家	电子邮箱	
C 申请联系人信息			
名字	姓氏	PESEL 号	教育程度
手机（可选项）			
C.1 无 PESEL 号的申请人信息			
身份证明类型	ID 号	出生年月日	公民
D 考试 D.1 理论			
地址			
D.2 实践（如仅有理论考试可不填）			
地址			
E 申请者的声明			
□我作为技术设备的业主（业主委托人）同意考试期间使用技术设备； □我同意在表中所述的地址参加考试。			

F 个人信息的保护

1. 个人信息的管理者

技术检验办公室 UDT：主席

交通运输技术检查机构 TDT：主席

军事技术检查机构 WDT：主席

2. 个人信息保护的监管单位联系方式

UDT 邮箱：iod@udt.gov.pl　　　　　　网址：www.udt.gov.pl

TDT 邮箱：dane.osobowe@tdt.gov.pl　　网址：www.tdt.pl

WDT 邮箱：wdt.iodo@ron.mil.pl　　　 网址：www.wdt.wp.mil.pl

3. 您的个人信息会得到进一步核实，以检查是否满足操作或维护技术设备所需的条件。

4. 您的个人信息的接收者只会是法律规定的实体。

5. 根据法律规定的要求，您的个人信息将在提交申请后的 50 年内保留。

6. 您有权访问您的个人信息，并且有权更正、删除、限制处理、传输数据（如果适用）和申诉。

7. 如果您认为，处理有关您的个人数据违反了欧洲议会和理事会 2016 年 4 月 27 日第（EU）2016/679 号条例的规定，该条例是关于在处理个人数据方面保护个人信息自由流通，您有权向个人信息保护办公室主任投诉。

8. 提供您的个人信息是自愿的，但这是检查操作或维护技术设备所需资格的条件。

申请日期：	申请者签名：

G 附件（符合条件的方框内打钩）

☐确认资格审查已付款

☐业主（业主授权代表）同意使用其技术设备

☐考试机构同意

☐持有其他证书的副本——如果根据单独的规定要求

（列出附带的文件）

附件2 资格证书的模板

Ⅰ. 授权相关人员使用和操作技术设备

A 由技术检验办公室(UDT)颁发

正面:

反面:

B 由交通运输技术检查机构(TDT)颁发

正面:

反面:

C 由军事技术检查机构(WDT)颁发

正面:

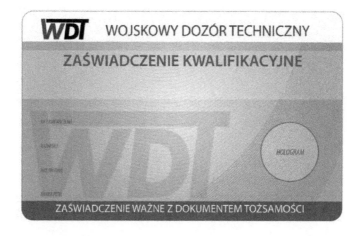

反面:

II. 授权人员对技术设备进行维护保养

A 由技术检验办公室颁发

正面：

反面：

B 由交通运输技术检查机构颁发

正面：

反面：

C 由军事技术检查机构颁发

正面：

反面：

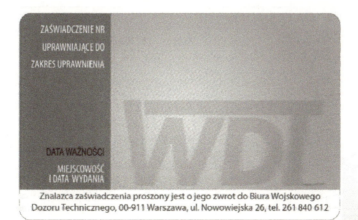

资格证书是由塑料制作而成的且可以识别的卡片。

附件3 使用和维护保养需要资格证书的技术设备和资格证书的有效期

表1 使用需要资格证书的技术设备以及资格证书的有效期

序号	技术设备的类型(操作该设备需要具有合格证书确认的资格)		资格证书有效期/年
1	绞车和升降机	提升机和通用绞车	10
		一般和特殊用途的升降机、绞车	5
2	桥门式起重机	通用起重机、升降机和绞车	10
		专用起重机、升降机和绞车	5
3	起重机	固定式起重机	10
		移动式和便携式起重机(与固定式起重机一样,需授权操作移动式和便携式起重机)	10
		移动式起重机(需授权操作)	5
		轨道起重机	5
		塔式和快装式起重机(需授权操作塔式起重机、快速装配起重机和轨道起重机)	5
		铁路起重机和铁路车辆	5
		甲板起重机	5
		浮吊(有权支持浮式和甲板起重机)	5
4	堆垛起重机	堆垛起重机	10
5	货物升降机	货物升降机	10
6	船升降机	船升降机	10
7	可移动平台	升降平台	10
		擦窗机	10
		自升式桅杆移动平台	10
		移动提升工作平台	5
		铁路车辆升降平台	10
8	叉车	带臂的机械工业车辆以及操作人员与载重同步起升的电动工业车辆(需授权操作其他所有机械工业车辆)	5
		带有机械起重驱动装置的叉车,不包括带臂的机械工业车辆以及操作人员与载重同步起升的工业车辆,其中一个人在抬起负载的情况下操作	10

续表

序号	技术设备的类型（操作该设备需要具有合格证书确认的资格）		资格证书有效期/年
9	电梯	施工升降机（授权在施工场所使用升降机运送货物、人员）	10
		载货和乘客电梯（授权使用带有内部控制的载货和乘客电梯，包括病床电梯）	10
10	刚性起重机	刚性起重机	10
11	集装箱正面吊	用于装卸集装箱的起重设备	10
12	铺路机	履带铺路机	10
13	索道	货运索道	5
		单线空中客运索道，带圆周运动但不带伸缩座椅	5
		带有一根缆绳的乘客用空中缆车，缆车带有座椅	5
		带有可拆卸车辆的乘客用空中多绳缆车	5
13	索道	单绳或双绳高架客运索道	5
		乘客索道	5
14	为人们提供旅游和运动用途的升降机	适用于在高低绳索引导下在雪地或坚固地面上移动的滑雪者，由平台或机舱控制	5
		沿圆形路径多功能支持滑雪者	5
		为滑雪者提供双重支持，具有高或低绳索引导，可逆或圆形运动	5
		重力水滑梯、雪橇滑道以及下坡轨道基础设施	5
15	在渡轮码头电力驱动的平台和可移动平台	海上渡轮港口上带有推进系统的移动平台	10
		在内陆渡轮码头上带有推进系统的移动平台	10
16	便携式容器	填充容量超过 350 cm^3 的便携式罐（压力容器）	10
17	用于填充和清空危险物质运输容器的设备	用于填充和清空危险物质运输罐的设备	5
		用于运送危险物质的港口运送装置	5
18	用于填充和清空非危险物质运输罐的设备	用于填充和清空非危险物质运输罐的设备，填充、清空或运输是在一定压力下操作	10
		用于运送非危险物质的港口运送装置	10
19	液化或压缩气体罐，用于为车辆内燃机提供动力	安装在车辆上和内陆水路船舶的动力装置中的液化石油气 LPG 罐	10
		安装在车辆上和内陆水路船舶的动力装置中的 CNG 罐	10
		安装在车辆上和内陆水路船舶的动力装置中的 LNG 罐	10
		安装在车辆上和内陆水路船舶的动力装置中的氢气罐	10

续表

序号	技术设备的类型(操作该设备需要具有合格证书确认的资格)		资格证书有效期/年
20	容量超过 2 dm³ 的蒸汽锅炉,产生蒸汽来自液体,液体加热是通过燃料放热反应发生	蒸汽锅炉	5
21	用于沿着轨道移动拉床的运输车	用于沿着轨道移动拉床的运输车	10
22	运输生产线的装卸装置	卸货机	10
		卸船机	10
		翻斗车	10
		装料机	10
		取料机	10
22	运输生产线的装卸装置	物料装载机	10
		皮带输送机	10
		送料机	10
		输送机	10
		滑雪缆车	10
		运送散装物料的气动输送设备	10
		堆料与喂料机	10
23	军事技术检查机构的专用设备	用于飞机和船只的便携式压力容器,隶属于波兰武装部队	10
		装运军事装备的设备	10
		用于运输液体燃料的管道	10
		装卸军用桥梁的装置	10
		机械火箭装载和发射装置	10
		鱼雷装载装置	10
		跳伞训练设备	10
		在隶属于波兰武装部队的飞机、船舶和战车上用于运送人或危险物质的装置	10

注:

上表中序号 1—3 不适用于以下技术设备:

——手动机械装置;

——采用单相电力驱动的设备,额定载重量不超过 1 000 kg;

——提升能力不超过 250 kg 的设备,但运送人员的设备除外。

上表中序号 4—11 不适用于以下技术设备:

——手动机械装置；

——额定载重量不超过 250 kg，不包括用于运送人员的起重设备。

表 2　维护保养需要资格证书的技术设备以及资格证书的有效期

序号	维护保养需要资格证书的技术设备		资格证书有效期/年
1	绞车和升降机	提升机和通用绞车	10
		一般和特殊用途的升降机、绞车	10
2	起重机、卷扬机和绞车	高架起重机、起重机和通用绞车	5
		通用和专用桥式起重机、卷扬机和绞车	5
3	起重机	固定式起重机 （授权维修固定式起重机、起重机和普通绞车）	10
		便携式可移动起重机 （授权维护自行式起重机和移动式起重机以及升降机和普通绞车）	5
		可快速安装的带有轨道的固定式起重机 （授权维护塔式起重机、快速装配起重机、轨道和固定式起重机以及起重机和普通绞车）	5
		船厂和港口起重机	5
		铁路起重机和铁路车辆	5
		甲板起重机	5
		浮吊	5
4	仓储用堆垛机	仓储用堆垛机	10
5	千斤顶	提升货物的千斤顶，包括车辆	10
		铁路车辆用千斤顶	10
		安装在铁路车辆上的千斤顶 （包括用于定位和调整空中接触线的装置）	10
6	升降机	升降机	10
7	船升降机	船升降机	10
8	可移动平台	悬挂式可移动平台	5
		移动式装载平台，包括运送人员	5
		铁路车辆的移动平台	5
9	为残疾人士提供的设施	为残疾人士提供的设施	5
10	沿圆形路径运转的客舱和平台输送机	沿圆形路径运转的客舱和平台输送机	5

续表

序号	维护保养需要资格证书的技术设备		资格证书有效期/年
11	客运和货运输送机	娱乐用客舱和升降椅输送机	5
		自动扶梯和自动人行道	5
		持续用于运送滑雪或旅游设备的输送机	5
12	乘客和载货电梯	电力驱动乘客电梯、载货电梯、客货电梯（授权维护保养电力驱动乘客电梯、载货电梯、客货电梯以及残疾人升降设备）	5
		液压驱动和气动驱动乘客电梯、载货电梯、客货电梯（授权维护保养液压驱动和气动驱动乘客电梯、载货电梯、客货电梯以及残疾人升降设备）	5
13	施工升降机	施工升降机	5
14	机械驱动的叉车	机械驱动的叉车	5
15	刚性起重机	刚性起重机	5
16	用于填充和清空危险物质运输容器的设备	用于装卸集装箱的起重设备	5
17	铺路机	履带铺路机	5
18	用于沿着轨道移动拉床的运输车	用于沿着轨道移动拉床的运输车	5
19	乘客索道	单线空中客运索道,带圆周运动但不带伸缩座椅	5
		带有一根缆绳的乘客用空中缆车,缆车带有座椅	5
		带有多根缆绳的乘客用空中缆车,缆车带有座椅	5
		单绳或双绳高架客运索道	5
		乘客索道	5
20	货运缆车	货运缆车	5
21	为人们提供旅游和运动用途的升降机	运送滑雪者在雪地或坚硬地面上滑雪的装置	5
		运送滑雪者在水面上滑雪的装置	5
		重力滑动车辆	5
		用于运送滑雪设备和人的连续输送机	5
22	在渡轮码头电力驱动的平台和可移动平台	在内陆渡轮码头上带有推进系统的移动平台	10

续表

序号	维护保养需要资格证书的技术设备		资格证书有效期/年
23	运输生产线的装卸装置	卸货机	10
		卸船机	10
		翻斗车	10
		装料机	10
		取料机	10
		物料装载机	10
		皮带输送机	10
		送料机	10
23	运输生产线的装卸装置	输送机	10
		滑雪缆车	10
		运送散装物料的气动输送设备	10
		堆料与喂料机	10
24	受军事技术检查机构管辖的专用设备	装卸军用桥梁的装置	5
		机械火箭装载和发射装置	5
		机械鱼雷充电装置	5
		跳伞训练设备	10
		在隶属于波兰武装部队的飞机、船舶和战车上用于运送人或危险货物的绞车	5

附件4　申请延长资格证书有效期的模板

模板——申请延长资格证书的有效期

延长资格证书有效期的申请书
证书号：
证书范围：　□使用和操作　　　　　　□维护保养
技术设备的类型：
A 申请书递交途径
递交至技术监管机构(相应方框内打钩)
□技术检验办公室 UDT　　□交通运输技术检查机构 TDT　　□军事技术检查机构 WDT
B 申请延长资格证书有效期的信息

名字	姓氏	PESEL 号

B.1 无 PESEL 号完成以下内容

身份证明类型	ID 号	出生(年月日)	公民

B.2 地址

位置	街道	房屋编号	单元号

邮政代码	国家	电子邮箱	电话

C 备注

我在此申明,在证书有效期的最近 5 年内,在申请书所述范围内我从事的相关工作至少 3 年。

我明白递交伪造的申明会涉及刑事犯罪。

D 个人信息的保护

1. 个人信息的管理者

技术检验办公室 UDT:主席

交通运输技术检查机构 TDT:主席

军事技术检查机构 WDT:主席

2. 个人信息保护的监管单位联系方式

UDT 邮箱:iod@udt.gov.pl　　　　　网址:www.udt.gov.pl

TDT 邮箱:dane.osobowe@tdt.gov.pl　　网址:www.tdt.pl

WDT 邮箱:wdt.iodo@ron.mil.pl　　　网址:www.wdt.wp.mil.pl

3. 您的个人信息会得到进一步核实,以检查是否满足操作或维护技术设备所需的条件。

4. 您的个人信息的接收者只会是法律规定的实体。

5. 根据法律规定的要求,您的个人信息将在提交申请后的 50 年内保留。

6. 您有权访问您的个人信息,并且有权更正、删除、限制处理、传输数据(如果适用)和申诉。

7. 如果您认为,处理有关您的个人数据违反了欧洲议会和理事会 2016 年 4 月 27 日第(EU)2016/679 号条例的规定,该条例是关于在处理个人数据方面保护个人信息自由流通,您有权向个人信息保护办公室主任投诉。

8. 提供您的个人信息是自愿的,但这是检查操作或维护技术设备所需资格的条件。

申请日期:	申请者签名:

第三章
波兰电梯的其他规定

第一节 电梯紧急救援

为保护人民生命财产安全,履行保护环境的使命,应对自然灾害及其他紧急情况,波兰建立了国家消防和救援体系,其主要职责是实施以下行动:

(1) 消防;

(2) 防御局部威胁;

(3) 化学和生态方面的救援行动;

(4) 技术救援行动;

(5) 利用缆绳采取的救援行动;

(6) 城市搜寻和救援行动;

(7) 水上和潜水救援行动;

(8) 医疗急救。

波兰的电梯使用单位和制造单位须有应急预案,一旦有紧急情况发生,须立即向消防总局(图3-1)报告。电梯一旦发生事故,相关人员可拨打紧急救援电话998向消防总局求助,消防总局会立即通过国家消防和救援体系实施救援。该体系是波兰国家安全的一个组成部分,由政府全额拨款,波兰国家消防总局负责实施波兰国家消防和救援体系。

图3-1 波兰消防总局的标识

波兰境内有多个机构和民间组织对该体系提供强有力的支援,如警察局、气象和水务管理研究院、国家原子能机构、海上搜救和救援局、边防、国家环保监测机构、矿业救援站、海军救援局等,以及一些自愿性的救援组织。与波兰国家的行政管理体系相对应,国家消

防和救援体系在整个波兰有三个管理层次:

- 国家级:当省级救援力量不足时负责协调和参与救援;
- 省级:当县级救援力量不足时负责协调和参与救援;
- 县级:是负责本区域内救援行动的主要力量,当乡级救援力量不足时负责协调和参与救援。

波兰境内省级消防总局有 16 个,县级消防总局有 335 个。

波兰全国范围内拥有 494 个消防救援队、3 745 个自愿性的民间救援队、5 个工业消防队、2 个工业救援队、11 家医院、201 名各类专家。

第二节　电梯轿厢内的广告牌

在波兰电梯内设置广告牌,须经波兰技术检验办公室的许可,且广告牌应满足以下要求:

(1) 广告牌的边缘不应有刮坏乘客衣服的锐利边缘;

(2) 广告牌的材料应由不会产生有害气体或烟雾的非易燃材料制成,即使广告牌被损坏,也不应损伤乘客衣服;

(3) 广告牌的厚度不应超过 20 mm;

(4) 广告牌不应遮掩电梯轿厢表面的铭牌、紧急报警装置、维保记录以及 EN 81-1 中关于轿厢标识的其他相关内容,广告牌的内容不应与轿厢呼梯按钮及其他提示信息混淆,且不影响电梯轿厢内呼梯按钮的使用;

(5) 广告牌的固定不应导致轿壁永久损坏,且对其固定操作应从轿厢内侧实施;

(6) 广告牌应固定牢固,不应有自身坠落的风险;

(7) 广告牌应易于拆除;

(8) 广告牌不带电。

同时,电梯业主应签订同意加装广告牌的书面协议,并声明由谁来对因广告牌致伤的事故负责。

第三节　电梯轿厢内的视频监控系统

轿厢内如安装视频监控系统，须经过波兰技术检验办公室的许可。该监控信号不传输至电梯控制系统，仅传输至独立的数据存储装置，监控装置与电梯的运行相互独立。这种监控装置的安装不改变电梯的设计，也不改变电梯的技术参数，不涉及电梯的改造，但须向波兰技术检验办公室提交以下材料：

（1）监控系统的安装图纸、施工方案和安装位置，包括视频监控的尺寸、轿厢内的安装位置等。

（2）接线图、供电电源方式及接线位置、已安装的无线或有线系统的元件之间的信号传输方式、所用电缆的类型以及布线方式（在使用吊车悬垂电缆的情况下，请指定所使用的电线）。轿顶230 V插座不能用作视频监控的电源。该插座用于电梯维护保养工作，除电梯使用说明书中指定的用途外，禁止将其用于其他目的。

（3）说明文件：考虑到所有现有危险（机械、电气等方面），用于组装和维护已安装的组件。如果视频监控系统组件的质量可能会影响电梯的正常运行，则必须附加合理的计算，描述系统的工作方式，提供有关所使用组件（摄像头、电源等）的信息以及相关 EC 符合适用指令的声明，如"电磁兼容性（EMC）""无线电设备（R&TTE）""低压（LVD）"。

（4）补充文件（在组装完成后提供）：安装公司提供的安装合格报告以及绝缘电阻和防触电规程。这些技术文件需核查，核查结果将成为 UDT 批准的依据。

（5）材料和组件：选择组件时需确保组件具有足够的可靠性，以保证组件能长期使用。使用的电源应具有足够的动力储备，并防止过热。

（6）组装和安装：组件的设置不应限制电梯的使用和维保。与视频监控系统的组装、安装和启用有关的所有工作均应与具有电梯制造知识的人员（安装单位人员/起重机制造商等）协商进行。

视频监控系统安装完毕后须接受技术检验办公室的检查，同时附两份电梯的相关技术文件和说明文件。

第四节 波兰电梯制造商协会

波兰电梯制造商协会(Polish Association of Lift Manufacturers)成立于 2003 年,是波兰全国范围内从事电梯行业的公益性组织机构,会员来自电梯及电梯部件制造单位、安装单位和维保单位,包括通力、蒂森克虏伯、奥的斯、威特、LiftER、PILAWA、LIFT Service S. A.、AMTEK、INNOVATIVE ENGINEERING、SCHAEFER 等电梯企业。波兰电梯制造商协会的标识如图 3-2 所示。

图 3-2 波兰电梯制造商协会的标识

该协会旨在加强与政府的合作,加强与行业内的机构合作,培训电梯行业人才,推广电梯标准及应用,促进行业发展,促进技术进步,提高电梯制造、安装和维保水平,进而提高电梯的安全水平。由波兰电梯制造商协会组织撰写的关于电力驱动电梯与液压电梯安装和维保的专业书如图 3-3 所示。

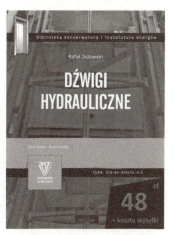

图 3-3 电力驱动电梯与液压电梯安装和维保专业书

第五节 波兰电梯杂志

波兰国内唯一的电梯杂志名称为 *Magazyn Dźwig*,如图3-4所示。该杂志一个季度出版一次,旨在介绍波兰及世界电梯行业的最新动态、新技术的推广和应用等。

图3-4 电梯杂志封面

在波兰技术检验办公室的10个分支机构中,可以免费领取关于技术设备操作和使用方面注意事项的光盘(图3-5)等。

图3-5 介绍技术设备操作和使用方面注意事项的光盘

第六节 外国人在波兰工作的许可

根据波兰《就业促进和劳动市场机构法》《外国人法》《关于对在波兰共和国完成由外国雇主提供的出口劳务涉及的外国人签发劳动认可和许可的令》《关于外国人在波兰共和国领土从事的工作领域限制令》《关于从事劳动的外国人无须获得工作许可的法令》等，出现下列情形时，外国人在波兰务工需要办理工作许可。

（1）根据与雇主签署的协议，须在波兰领土工作，且雇主的总部、居住地或分公司、工厂或其他形式的有组织活动场所位于波兰领土。

（2）在法人公司或资本公司董事会中担任职务，且在波兰连续12个月内停留时间超过6个月。

（3）受雇于外国雇主，并在与外国雇主签有长期合同的基础上被派往波兰分公司、工厂或下属公司等，在波兰工作时间全年超过30天。

（4）受雇于外国雇主，该外国雇主在波兰未设立分公司、工厂或其他形式的活动场所，但被派往波兰从事临时性或外派劳务性质的工作。

（5）受雇于外国雇主，并被派往波兰从事上述（2）—（4）项以外的工作，且工作时间在连续6个月内超过3个月。

不必获得工作许可的外国人包括：

（1）欧洲经济区（EEA）和瑞士公民及其家属。

（2）拥有永久居留许可的人员。

（3）拥有在波兰获得欧盟长期居留许可的人员。

（4）拥有在其他欧盟成员国获得欧盟长期居民身份的人员，且该人员获得在一定时期内与工作或经济活动相关的居住许可。

（5）借助临时保护或拥有宽容居留许可的难民。

（6）在个别条款中（如波兰劳动和社会政策部2009年2月2日颁布的《关于从事劳动的外国人无须获得劳动许可的法令》）规定可免除工作许可的人员，包括：

① 在教育系统工作的外语教师；
② 土耳其公民（在欧盟工作4年以上）；
③ 在波兰高中完成学业的毕业生；
④ 文化教育交流人员；
⑤ 拥有雇主有意聘用的证明，在地方劳动局有登记，且在商务移民领域与波兰有合作

的邻国公民；

⑥ 同欧盟签订人员自由流动协议的国家的公民。

注：无须获得工作许可并不等于不必获得合法工作的签证。外国人在递交签证申请时应同时附上雇主有意在波兰聘用该人员的书面证明。

波兰劳动法律法规严格，用工制度及劳动保障要求较高。中波两国尚未签署关于双边劳务合作中避免双重征收社保、医保等费用的相关协议，中国劳务人员目前在波兰必须缴纳养老保险、失业保险等费用。

波兰虽已加入申根协定，但并不意味着中国劳务人员可在申根协定国之间随意流动就业，一旦中国劳务人员被发现从波兰前往邻国工作，将被遣返波兰。目前，波兰仅对欧盟内其他国家、欧洲经济区内其他国家以及瑞士完全开放劳动力市场，对俄罗斯、白俄罗斯、乌克兰等有条件开放，对中国等亚洲国家仍实行严格、复杂的工作许可审批制度和签证管理制度，且工作许可常附有限制条件。

波兰法律未对外国企业在波兰参与当地公共项目招投标予以限制。具体法律规定可参见波兰《建筑法》和《公共采购法》。

波兰允许外国自然人在当地承揽承包工程项目，但需要具备一些必要条件，如拥有相应的资质证书和文件，具备专业知识和经验，拥有一定数量和质量的专业设备与技术人员，以及具备符合要求的经济能力和投资能力。

《经济活动自由法》（2004年7月2日）对企业家以及微型、小型和中型企业做出界定，并详细规定波兰本地企业和外国企业在波兰从事商业活动必须遵循的各项条款，为外国企业投资的开放和市场准入扩大提供了法律依据。

《海关法》规定了商品进入波兰关境和运出波兰关境的原则与方式，以及进行商品外贸活动的人和海关机构的权利与责任，主要内容包括保税储存、商品过境、需净化提炼或加工的商品的处理等问题。

第七节　在波兰设立企业的形式

根据波兰相关法律规定，外国企业作为法人实体在波兰境内可注册的形式有代表处、分公司、有限合伙企业、有限股份合伙企业、有限责任公司和股份公司。外国公民作为自然人可根据不同情况在波兰注册公司，获准在波兰定居的外国公民享有与波兰公民同等的注册公司的权利；在波兰没有永久居留权的外国公民，只能在波兰设立有限合伙公司、有限股份合伙公司、有限责任公司和股份公司。中国企业和个人在波兰注册公司的习惯做法一般为设立代表处、分公司、有限责任公司和股份公司。

代表处　注册主体为外国公司，业务范围只限于对母公司业务进行推介和宣传，不进行经营活动，也无权签署经营合同。

分公司　注册主体为外国公司，经营范围不得超越母公司业务范围，但不必开展母公司的全部业务，可部分经营母公司业务，也可代表母公司签署经营合同。

有限责任公司　外国公司和个人均可申请，可从事生产、销售、服务和进出口等任何商业活动。

股份公司　外国公司或个人均可申请，可通过在波兰股市上市获得资金。

附　录

波兰电梯公司清单

波兰电梯相关公司

电梯公司名称	网站
ACCESS BUILDERS PTE. LTD.	https://elwiko.pl
TechWind Jan Rutkowski	www.techwind.pl
Wittur Sp. z o.o.	www.wittur.pl
Euro-Dźwig	www.euro-dzwig.com.pl
AUTIVOX Sp. z o.o.	www.autivox.pl
ELWIKO Stanisław Dropik	www.elwiko.pl
Translift Sp. z o.o.	www.translift.com.pl
HELUKABEL Polska	www.helukabel.pl
AMTEK	www.amtek.pl
GMV Polska Sp. z o.o.	www.gmv.pl
Pilawa	www.pilawa.pl
Winda-Warszawa Sp. z o.o.	www.winda.com.pl
INTER ROPE	www.interrope.com
CEBARYD	www.cebaryd.pl
ERGON Ośrodek Doskonalenia Kadr	www.bhp-ergon.pl
Corleonis Sp. z o.o. S.K.A.	www.corleonis.pl
INVEST Sp. z o.o.	www.e-invest.pl
Lift Components Sp. z o.o.	www.liftcomponents.pl
FUD Sp. z o.o.	www.fud.net.pl
Lift Service Komponenty Sp. z o.o.	www.komponenty.lift.pl
PSPD	www.stowdzwig.pl

续表

电梯公司名称	网站
HELUKABEL Polska	www. helukabel. pl
ASTAT	www. astat. pl
ATLAS-LIFT Andrzej Wroński i Wspólnicy Sp. j.	www. atlas-lift. pl
Atlift	/
AWANS B. H. P ul. Brukowa 23 91-341 Łódźłódzkie	awans-bhp. pl
BEZPIECZNY OPERATOR KURSY I SZKOLENIA	/
City Lift Andrzej Krebs	www. citylift. pl
Dźwig-Serwis Zbigniew Wysocki	dzwigserwis. eu
Dźwig-Trans System Kamil Szczurowski	/
EL-DŹWIG	www. el-dzwigsc. pl
Elektroinstal S. C.	elektroinstal-windy. pl
Global Lift Polska Sp. z o. o.	www. global-lift. pl
Industrial Winch Ltd.	industrialwinch. pl
Invertek Drives Polska Sp. z o. o.	www. invertekdrives. com. pl
Kone Sp. z o. o.	www. kone. pl
Krokosz Lift Company Sp. z o. o.	krokoszliftco. pl
Nowimex	www. nowimex. com. pl
Otis Sp. z o. o.	www. otis. com
Pro Reha Sp. z o. o.	www. proreha. com. pl
Schindler Polska Sp. z o. o.	www. schindler. pl
ThyssenKrupp Elevator Sp. z o. o.	www. thyssenkruppelevator. pl
Tolift	http://www. tolift. pl
Windom Dźwigi Osobowe S. C.	www. windom. com. pl
WPRUD	www. wprud. com. pl
Zakład Elektromechaniczny Urządzeń Dźwigowych Bronisław Sulima	www. zud-sulima. pl
Zakład Elektromechaniki Dźwigowej Zenon Liber	www. naprawawindzakopane. pl
ADM Lift	www. admlift. com
ASB Component Lift Sp. z o. o.	http://www. asb. pl
Asensores-Lifts Cargo Windy Samochodowe	/

续表

电梯公司名称	网站
Elektro-Lift	www.windy.rzeszow.pl
Elszyk Sp. z o. o	http://www.elszyk.pl
Elwind Sp. z o. o	www.elwind.pl
Przedsiębiorstwo Dźwigowe KER-LIFT S. C.	http://ker-lift.pl
Krakdźwig Sp. z o. o	http://krakdzwig.pl
Lift Rzeszów Sp. J.	http://www.lift-rzeszow.com
Lift-System S. C.	https://www.lift-system.pl
NAM-LIFT	www.winda.pl
OMI Lifts Sp. z o. o.	http://omilifts2.mserwer.pl
Plawia Sp. z o. o	www.plawia.pl
Pol-Suw Service	http://pol-suw.pl
RW Lift Robert Woźniak	http://www.rwlift.pl